Gustav Peichl

Editorial Gustavo Gili, S. A.

08029 Barcelona   Rosellón, 87-89. Tel. 322 81 61
28006 Madrid   Alcántara, 21. Tel. 401 17 02
1064 Buenos Aires   Cochabamba, 154-158. Tel. 361 99 98
México, Naucalpan 53050   Valle de Bravo, 21 - Tel. 560 60 11
Bogotá   Diagonal 45 N.º 16 B-11. Tel. 245 67 60
Santiago de Chile   Vicuña Mackenna, 462, Tel. 222 45 67

Gustav Peichl

Introducción / *Introduction:*
Massimo Scolari

GG

Catálogos de Arquitectura Contemporánea
Current Architecture Catalogues

A cargo de/*Editor of the series*
Xavier Güell

Traducciones/*Translations*
Santiago Castán
Mariuccia Galfetti
Clare Nelson

El texto, a excepción de la Introducción y de los artículos firmados, es
de Gustav Peichl
*The text, with exception of the introduction and other signed texts, is by
Gustav Peichl*

© Editorial Gustavo Gili, S.A. Barcelona, 1987

Printed in Spain
ISBN: 84-252-1327-4
Depósito Legal: B. 19.377-1987
Fotocomposición: Ormograf, S.A. - Barcelona
Impresión: Grafos, S.A. - Arte sobre papel - Barcelona

Indice   **Contents**

Imágenes de la técnica en la tradición vienesa

Massimo Scolari

Hablar sobre los arquitectos vieneses no es tarea fácil, no porque cueste más describir sus obras, más bien por la dificultad de reflexionar sobre Viena y·sus arquitectos sin sumergirse en todas las *viennoiseries* que han reconquistado pacíficamente el Lombardo-Veneto.

Tiempo atrás los arquitectos europeos solían cruzar los Alpes para ir a estudiar la antigüedad romana o los maestros renacentistas. Desde entonces el norte de Europa se ha rehabilitado, toda una generación de arquitectos e historiadores italianos ha viajado hacia el norte, ha tomado el camino que les conduce a la Bauhaus, a las escuelas holandesa y sueca, a aquellos urbanistas intrépidos de Frankfurt, Berlín y Hamburgo, al constructivismo ruso que siguió la Viena Roja. Son los días de Otto Wagner, Adolf Loos, Josef Hoffmann y de todo un universo literario que la superficialidad de muchos lleva a identificar con la mirada melancólica de Francisco José, único emperador en el mundo que durante su vida no abrió ni un libro.

Comparados con éstos, otros arquitectos europeos producen la sensación de ser pacíficos constructores. Sonaría realmente extraño traer a colación a Thomas Mann *à propos* de Ungers o a Shakespeare para ilustrar a Stirling, sin embargo en Viena esto no sucedería. Wittgenstein, Kraus, Musil, Klimt, Schiele, Loos, Weber, Wagner, Freud y Schönberg son casi inseparables, el estrépito del Modernismo vienés acosa cualquier intento de disociarlos, forzándonos a un retorno incesante en busca del perdón por ese *Finis Austriae* que ha despojado a Europa de tonos centro-europeos.

La visita a los arquitectos vieneses supone una cierta impugnación a la *petitio principii* a base de reservas calladas y exclusiones sinnúmero, desmentida siempre por la crueldad del *Witz*. "Sin cambios desde 1900", declaró el arquitecto Hermann Czech a un atónito entrevistador japonés. Y nada más acertado, en Viena todo ocurrió ya en el moderno ayer. Desde que la Tradición se perdió sin remedio ha nacido una memoria vital que la convierte en pasión irrefrenable, en lo único por lo que merece vivirse. El religioso silencio que protegía su rumbo se ha roto. Exposiciones y publicaciones le han arrebatado lo único que de valor conservaba, aquel orgullo bohemio que, aún ahora, gustan de invocar los artistas vieneses corroborando su supremacía intelectual a falta del reconocimiento popular. Pero, incluso en Viena, el tiempo sigue su curso. La diáspora de la *intelligentsia* judía anterior a la última guerra dejó unos vacíos que no se pueden llenar; los legendarios cafés, lugares de

---

Images of technics in the Viennese tradition

Massimo Scolari

It is always difficult to speak of the Viennese architects. Not that their architecture is more indescribable than a lot of other people's, but it's hard to think of Vienna and its architects without being overwhelmed by all the viennoiseries *which have been pacifically reconquering Lombardo-Veneto.*

It is a long time now since European architects used to come down through the Alpine passes on their way to study Roman antiquities or the great Renaissance masters. The north of Europe has staged a come-back. A whole generation of Italian architects and historians has travelled northwards to the Bauhaus, the Dutch and Swedish schools, the heroic town planners of Frankfurt, Berlin and Hamburg, the Russian constructivist followed by Red Vienna. Then there are Otto Wagner, Loos, Hoffmann and that whole literary universe, limpid and tormented, which simple folk identify with the melancholy gaze of Franz-Joseph, the only emperor in the world who never opened a book in his life.

Compared with these, other European architects strike one as pacific builders. To bring in Thomas Mann à propos of Ungers or Shakespeare to illustrate Stirling would certainly sound odd. But not in Vienna. Wittgenstein, Kraus, Musil, Klimt, Schiele, Loos, Weber, Wagner, Freud and Schoenberg are almost inseparable; and the roar of the great Viennese Modernism pursues any attempt at separation, obliging us to continually turn back, as if to seek pardon for that Finis Austriae which has deprived Europe of its Mittel-european tones. A visit to the Viennese architects is a bit like a confutation of a petitio principii made up of silent reservations and infinite exclusions, always contradicted by the ruthlessness of the Witz. "No change since 1900", the architect Hermann Czech once asserted to a petrified Japanese interviewer. Of course everything has already happened in Vienna's modern past. And from its irredeemable loss there springs this vital memory that makes the Tradition an almost unbearable passion, yet at the same time the only one worth living for. In reality, the religious silence protecting the course of Tradition has now been utterly shattered. Exhibitions and publications have ruthlessly deprived it of the last value it possessed: that bohemian pride in the lack of popular success which Viennese artists still invoke as confirming their intellectual primacy. And time does pass, even in Vienna. The great diasporas of the Jewish intelligentsia before the last ware have left gaps that can't be filled, and the legendary cafés where those who escaped the curse of success used to gather are now flooded with tourists.

Even here, where two world wars have left the stones virtually intact, commercial dynamics are undermining the city with

reunión de quienes eludían el maleficio del éxito, están inundados de turistas.

A esta ciudad, cuyas piedras dos guerras dejaron virtualmente intactas, la dinámica comercial la está socavando más que un bombardeo sin que surtan efecto las desesperadas llamadas que lanzan sus arquitectos desde las páginas del periódico *Die Presse*. Pero los tenues lazos entre Eros y Tánatos que vetean los textos y las obras de los grandes artistas no son artículo de consumo y Viena, con desmayo freudiano, cede su cuerpo al demonio del éxito y, una vez más, salva su alma.

Queremos hablar, en definitiva, de esa alma, de su naturaleza que no pasa única ni necesariamente por Otto Wagner, amado por todos los arquitectos austríacos, aunque no pertenezcan a Viena como él, circunstancia que siempre se produce en quienes no nacen en su ciudad. La eventualidad de un lugar de nacimiento apenas cuenta en Viena. Que Ronald Reiner proceda de Klagenfurt y Wilhelm Holzbauer de Salzburgo no les impidió reunirse con el vienés Gustav Peichl en la exposición Drei Wiener Architekten (1984). Con este lance se nos vuelve a demostrar que si bien las diferencias en sus arquitecturas son más acusadas que en sus etnias, el verdadero espíritu que unifica por arte de magia lo irreconciliable es la tradición vienesa, el mismo que facultó al vienés Wagner a conciliar, en una alquimia irrepetible, la esencia del esloveno Plečnik y del moravo Hoffmann. Esta amalgama de disparidades ha de tenerse presente aun cuando los vieneses construyan más allá de los reducidos límites del imperio.

Luego el análisis de la obra de Peichl en Berlín-Tegel no será una invitación a comentar su capacidad profesional –por supuesto fuera de dudas–, ni tan siquiera a tomar nota de innovaciones estilísticas o de remotas asonancias. Todo esto se estima bastante secundario, incluso superfluo y, de algún modo, sería un impedimento para contemplar esta obra a la luz de lo que nos interesa: como testimonio cultural, como idea segregada de los medios utilizados en su ejecución material, puesto que evoca, al igual que alguna otra, algo más que su simple existencia física.

La tentación inmediata es seguir la referencia al mundo de la máquina, de la ingeniería civil, pero los signos de tal asonancia son tan ostensibles que inspiran cautela.

La publicación del proyecto berlinés se acompañó de cuadros del acorazado Almirante Sheer, una pista clara en exceso para una obra situada en tierra firme y concebida por un arquitecto oriundo de un país sin puertos ni marina.

greater effect than carpet bombing; and the desperate appeals launched by Viennese architects in the pages of Die Presse *are of little avail. But the subtle links between Eros and Death that vein the literary texts and the works of the great artists, can hardly be suited to mass consumption: so, in a Freudian swoon, Vienna yields her body to the demon of success while, yet again, saving her soul.*

It is of this soul that we will always want to speak. Of its character, which does not pass solely and necessarily through the swelling figure of Otto Wagner, whom all Austrian architects love, though they may not belong to Vienna in the way he did, as always happens with those born outside his city. But the accidents of place of birth hardly count in Vienna. The fact that Ronald Reiner comes from Klagenfurt and Wilhelm Holzbauer from Salzburg did not prevent them from joining with the Viennese-born Gustav Peichl in an exhibition called Drei Wiener Architekten (1984). This again shows that though the differences between their kinds of architecture are more prominent than the ethnic distinctions, it is the Viennese tradition that is the true spirit that magically welds together irreconcilables. The same spirit that enabled the Viennese Wagner to fuse the essence of the Slovenian Plečnik and the Moravian Hoffmann in unrepeatable alchemies. This amalgam of differences has to be borne continually in mind, even when the Viennese build outside the limited bounds of the empire.

So in analyzing Peichl's work at Berlin Tegel there will be no call to discuss his professional skill –perfectly evident, anyway– nor to record stylistic innovations or remote assonances. All this seems quite secondary, or even superfluous, and would anyway prevent us from seeing this work in the only light that interests us: as a cultural testimony, as an idea separated from the means of its material realization. For, like few others, this work evokes something more than its mere material existence.

Here there is the immediate temptation to follow the reference to the world of the machine, of naval engineering. But the all too evident signs of this assonance prompt us to caution.

Accompanying the publication of his Berlin project with pictures of the battleship "Admiral Scheer" was clearly all too simple a clue to a work standing on an island in the midst of terra firma, designed by an architect from a land without harbours or navy.

The "plans" of the rocket designed by Ziolkovsky in 1898 or Norman Bel Geddes 1929 flying-boat home are and remain transfers of the shell alone. This is a technique which Robert

Los "planos" del cohete diseñado en 1898 por Ziolkovsky, o la casa en forma de nave voladora ideada por Norman Bel Geddes en 1929, no pasan de meras correlaciones superficiales. Esta técnica la puso en práctica Robert Derran cuando en 1937 hizo una fábrica en Los Ángeles para Coca-Cola. Camuflar una casa como barco o hacer de un barco una casa es una función con que la arquitectura pop californiana lleva obsequiando a su indolente público desde hace muchos años. Cuesta trabajo pensar que en el ánimo de Peichl estuviese divertir a la gente de Berlín. La manera precisa y cuidada con que las piezas de la máquina se unen a la vista de quien estudia la obra condujo probablemente a la forma de "puente de mando", a un podio de vigilancia indispensable y bello, pero arquitectura al fin y al cabo, muy alejado de la Sala de Conciertos de Leo Ludwig y Scharoun, un mecanismo orgulloso que recuerda desmedidamente a muchos otros de Hamburgo.

Peichl, a buen seguro, podría haber construido una "villa administrativa", a lo largo de los depósitos de purificación, dignos y funcionales como tantos otros que pueblan la selva metálica de las refinerías. Lejos de ello, aquí la arquitectura toma posesión absoluta del artefacto sin disimularlo ni mantenerse al margen del mismo, se convierte en fruto del intelecto sin renunciar a ninguna de sus prerrogativas tectónicas. Por casualidad Peichl ofrece una tipología análoga al Observatorio de Viena construido en 1878 por F. Heller y H. Helmer.

Con ocasión de la visita que el papa hizo en 1983 a la católica Hapsburg, Peichl diseñó un podio de forma troncopiramidal de base rectangular y escaleras en tres de sus caras. El heredero de San Pedro triunfó aquí sobre una especie de terraplén semejante a aquellos que en las fortificaciones de Viena servían para que los "caballeros" montaran las baterías de cañones.

Ese mismo año se celebró la exposición Die Türken vor Wien en conmemoración del tricentenario de la liberación de Viena del sitio a que la sometieron las tropas turcas. Durante aquella defensa desesperada que culminó en victoria gracias a los húsares "empenachados" de Sobiesky, el principal protagonista fue el bastión, los terraplenes de Lobelbstei, escenario de luchas cuerpo a cuerpo que inmortalizaron en sus cuadros con tonos épicos Leander Russ y Anton Romako, en el siglo XIX. Con la derrota turca de 1683 Europa sale de una pesadilla y Austria y Hungría adquieren dimensión imperial. Este episodio dejó huella en Viena, el miedo a la derrota se hizo obsesivo, pozos y pasadizos subterráneos perforaron esta católica ciu-

Derran had applied in Los Angeles in 1937 for a Coca Cola factory. But this is not the same issue. Camouflaging a house as a ship, or using a ship as a house, is an exercise that Californian pop-architecture has been presenting its easy-going public with for years. It is hard to believe that Peichl's aim was to amuse the Berlin public. Perhaps the way the parts of the machine are linked so precisely and skilfully to the gaze of the veiwer studying its functioning necessarily led to the form of the "captain's bridge" to the podium for keeping a look-out that is so necessary and so beautiful, but architecture all the same, and very different from the proud Berlin mechanisms of Leo Ludwig and Scharoun's Philharmonic, which is too reminiscent of building sites in Hamburg.

Of course Peichl could have built a "managerial villa" alongside the purifying tanks –dignified and functional like so many others in the metal jungle of the refineries. Here, however, the architecture has completely taken possession of the mechanism without concealing it or standing beside it, and has itself become the product of the intellect without foregoing any of its tectonic prerogatives. Not unlike the Observatory of Vienna, built by Ferdinand Fellner and Hermann Helmer in 1878; and Peichl has clearly –albeit by chance– also here produced an analogous typology.

In 1983, for the pope's visit to the very Catholic Hapsburg capital, Peichl designed a podium in the shape of a truncated pyramid with a rectangular base and steps set in three of its sides. The triumph of the heir of St. Peter came about here, atop an embankment not unlike the "knights" used to house the batteries of cannon on the old Viennese bastions.

The same year, a remarkable exhibition entitled "Die Türken vor Wien" celebrated the third centenary of the liberation of Vienna from the terrible Turkish siege. In that desperate defence, turned into victory by Sobiesky's plumed hussurs, the great protagonist was the bastion itself: Lobelbastei's embankment, the scene of those fierce hand-to-hand struggles which the 19th century paintings of Leander Russ and Anton Romako have immortalized in epic form. With the definitive defeat of the Turk in 1683, Europe was rid of a nightmare and Austria, with Hungary, acquired the body of her empire. This episode certainly left its mark on Vienna. The fear of losing, made obsessive by the inexorable erosion of the subterranean shafts and pathways, led this very highly Christian city to envisage the sacrilegious violation of body and soul.

That animal-like burrowing into the bowels of the earth, that

dad que tuvo que enfrentarse a la violación sacrílega de su cuerpo y de su alma.

Ese acto de esconderse en las tripas de la tierra, esa guerra encarnizada subterránea dejaron marcas profundas en la arquitectura enterrada y en las esculturas mutiladas de Walter Peichl. Ese mundo cavernario, símbolo de muerte, y de ardor marcial horadando la tierra, fue sublimado en los aderezos eróticos que tantas veces engalanaron los cuerpos sanguinolentos de las vanguardias vienesas de los sesenta en una suerte de compulsión obsesiva e insistente de reabrir la herida que destruyó la monarquía con el óbito de un archiduque. Ninguna muerte estigmatizó tanto a una nación, como tampoco ningún país sintió tanto su derrota. El flujo corpóreo de líquido y la arquitectura de Peichl perforando la tierra resurgen en las fracturas que gotean oro que Hans Hollein impone en su mobiliario de piedra y metal. Peichl es el único en quien lo telúrico se convierte en tema arquitectónico.

Pocos arquitectos gozan de similar maestría para implantar la arquitectura en el terreno y captar la razón última que liga la construcción al decorado natural amalgamando funciones y anhelos en una segunda naturaleza que pasa a ser el lugar de la arquitectura. En esta obra de Berlín, el espíritu telúrico yace eróticamente acoplado con la tierra y nos habla del tema que el maquinismo estuvo mirando de soslayar y cuya solución constituye el alma de este proyecto: la unión con la tierra. No se trata de un requisito elemental de la arquitectura, ni de una expresión, por demás indispensable, relacionada con estilóbatos, terraplenes o plintos. Consiste, más exactamente, en un *discurso del pensamiento arquitectónico* que labora en concordia con el *genius loci* siguiendo dulcemente las sinuosidades del terreno y permite ser absorbido hasta que el proceso de gestación de ideas abandona de repente la "objetualidad" de la arquitectura para hundir sus cimientos en el lugar y fundirse en él. De esta manera se convierte en una segunda naturaleza que actúa para la sociedad. Una obra de ingeniería, claro está, pero, por encima de todo, arquitectura. En la unión con la tierra radica el discurso genuino, la interioridad insondable del proyecto de Peichl, lo único que podía conducir a ese cuadro de control, a la coherencia manifiesta con el conjunto.

La perfección de la técnica "despierta en nuestra alma un sentimiento de afinidad con lo bello, con lo necesario; la soltura o simplicidad final nos inspira un entusiasmo indescriptible al compararla con la complejidad del problema" (Paul Valéry, *Eupalinos*)

desperate subterranean warfare, has left deep traces in Walter Pichler's interred architectures and maimed sculptures. That chthonic world, the symbol of death and martial ardour driving through the earth, has been sublimated into the erotic flowerings that the Viennese avantgardes of the sixties have so long displayed on their blood-soaked bodies, as if to revive in an obsessive and repetitive coaction the wound that destroyed the monarchy through the death of an archduke. No death has ever left such a deep mark on the artistic history of a nation, and no country has ever retained such a deep sense of its loss. That bodily flux of liquid and that architecture cleaving the earth in Pichler's work reappear in the gold-dripping fractures that Hans Hollein imposes on the stone and metal of his furnishings. But only in Peichl does the telluric theme become an architectural issue.

Few architects approach his ability to set architecture in the earth and comprehend that intimate reason which binds the constructive building to the natural theatre, merging functions and desires in that second nature which, with them, becomes the place of architecture. In this Berlin work, the telluric spirit, with its erotic embedment in the earth, speaks to us also of the issue which the machinist theme seemed to be trying to evade: attachment to the earth, the solution to which is the true soul of this project. And this is not merely a requisite of architecture, a demonstration –however necessary– that concerns stylobates, embankments and plinths. Rather, it is a discourse of architectural thought *that works in concert with the* genius loci, *gently following the sinuosity of the land and allowing itself to be swallowed up, until, all at once, the ideation abandons the objectuality of the architecture, sinking its foundations deep into the place and merging with it. It becomes a second nature working for civil ends. A work of engineering but also and above all architecture. This attachment to the earth is also the true discourse of Peichl's project, its deep centre, the only one that could lead back to that control panel, to a visible coherency with the whole.*

Then the perfection of technics "awakens in our souls a feeling of kinship with the beautiful, the necessary; and the ultimate ease or simplicity of the outcome, when compared with the complexity of the problem, inspire in us untold enthusiasm!" (Paul Válery, Eupalinos)

Escuela con patio, "Krim", Viena

*"...Hace ya mucho tiempo que con los atributos externos de una determinada modernidad –austeridad en la ornamentación, abundancia de vidrio, paredes blancas, cubiertas planas– no se ha creado nada nuevo. Incluso una arquitectura funcionalmente *correcta* nos parece hoy algo muy pobre. Los nuevos conocimientos arquitectónicos y los desarrollos internacionales nos obligan a buscar y aplicar normas nuevas."*

¿Cuáles son entonces los criterios a seguir? En primer lugar existe la importancia sociológica de una obra y por lo tanto también de una escuela. Ya no nos imaginamos una escuela como una simple hilera de aulas con un pasillo en el centro, sino que creemos necesario que el concepto de una sociedad, de contacto, de centro, encuentre su expresión también en una obra arquitectónica. En esta escuela el núcleo sociológico viene determinado por el patio perfectamente proporcionado y por el atrio destinado a recreo.

School with courtyard, "Krim", Vienna

"...For quite some time now the specific characteristics of Modernism –austerity in ornamentation, abundance of glass, white walls, flat roofs– have created nothing new. Even a functionally correct architecture seems to us today to be something very poor. The new conception of architecture along with international developments oblige us to search for and apply new standards."

What criteria should be followed? Firstly, social, in this case, those apropriate to a school. We no longer think of a school as a simple row of classrooms with a corridor in the middle, instead beleive it necessary that the concepts of contact, of society, of a centre, can also find expression in architecture. In the school, the social nucleus is defined by the perfectly proportioned courtyard and the atrium intended for recreation.

Planta, axonometría, vistas de la fachada principal, lateral y posterior e interior del vestíbulo

Plan, axonometric, views of the main, rear and side facades, and the interior of the vestibule

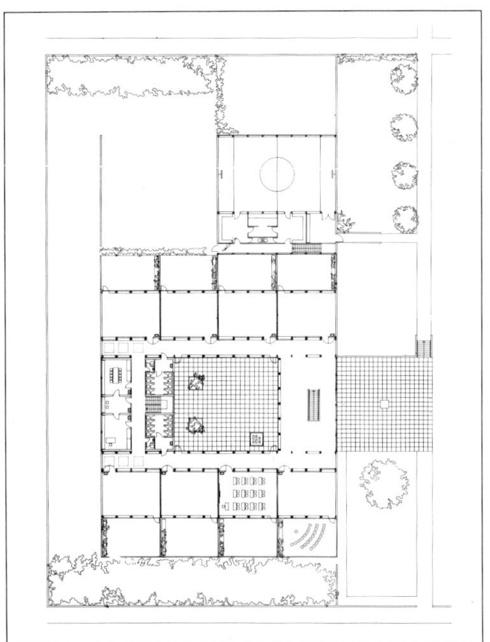

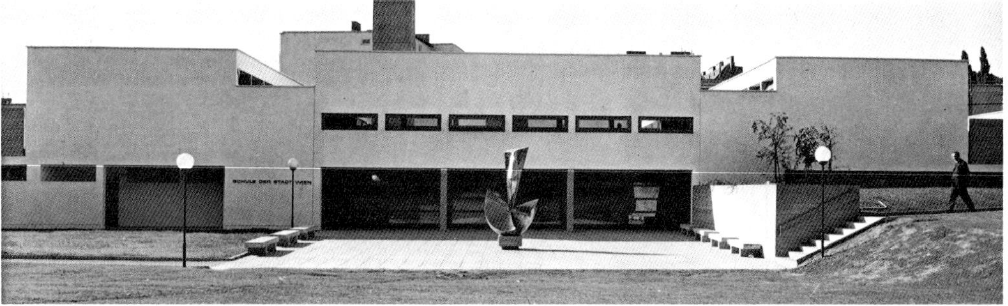

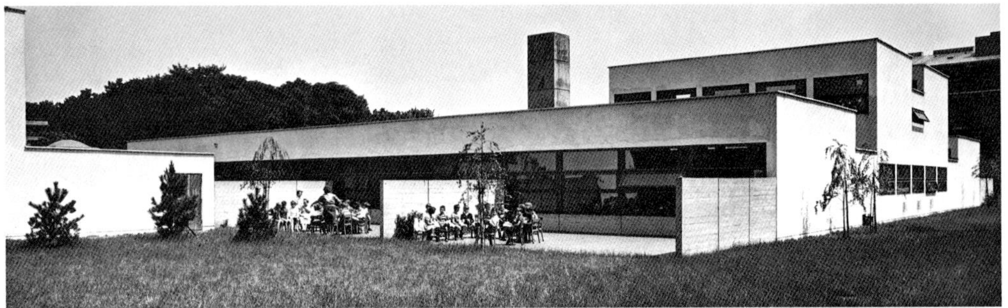

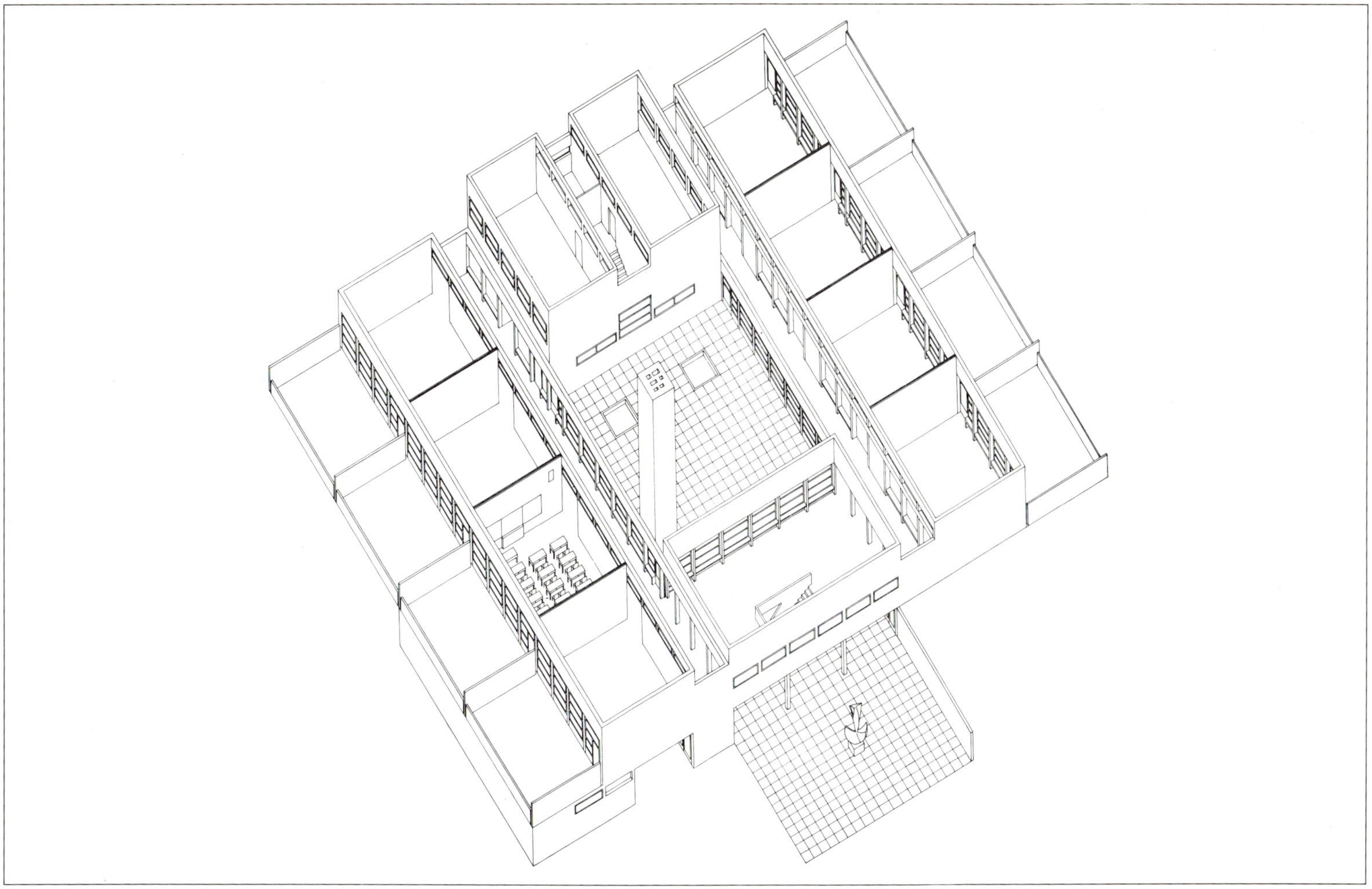

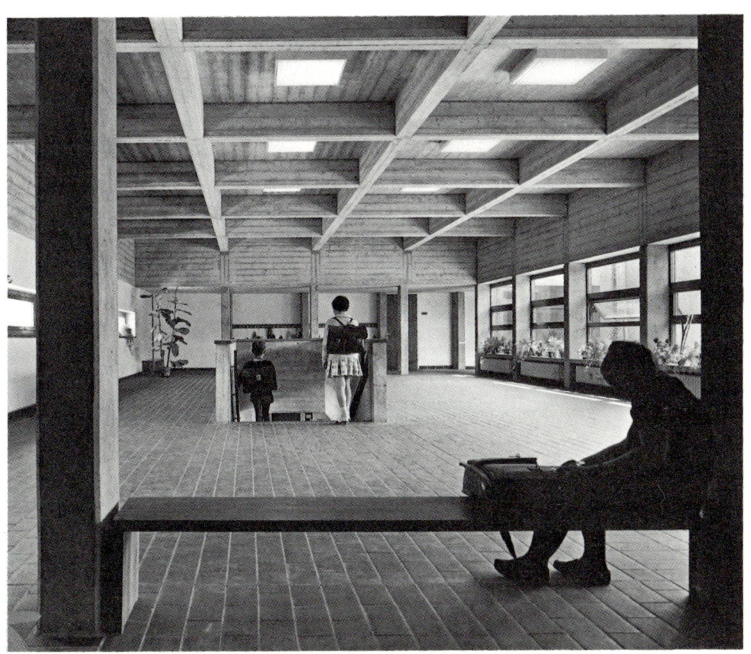

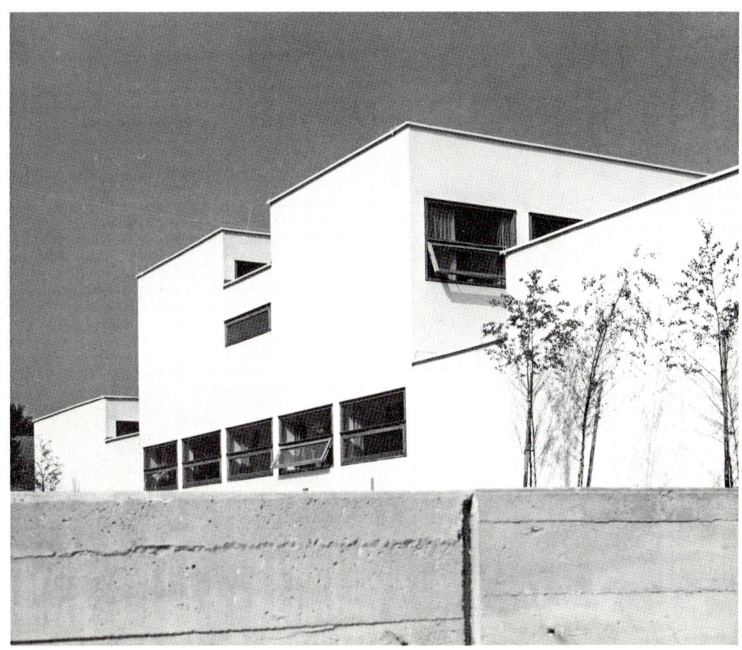

1965-1967

Centro de rehabilitación en Meidling, Viena

El centro de rehabilitación de Viena-Meidling, destinado a enfermos con lesiones cerebrales, ha sido diseñado siguiendo los criterios del dr. Paul Mifka, especialista de enfermedades nerviosas.

En el conjunto, realizado con elementos prefabricados en hormigón armado, se ubican las habitaciones para 52 enfermos –habitaciones de una o tres camas– y las correspondientes secciones destinadas a investigación; instalaciones para la rehabilitación; laboratorios y las distintas secciones terapéuticas.

La planta, en forma de estrella, facilita la comunicación y permite, además, que en la mayoría de las terrazas se pueda disfrutar, tanto del sol como de la sombra, lo que resuelve la permanencia al aire libre. Todo el edificio está climatizado, puesto que los enfermos que padecen lesiones cerebrales son particularmente sensibles a la temperatura. Para la señalización no se utilizan las habituales indicaciones escritas, sino determinados signos de colores.

Rehabilitation Centre in Meidling, Vienna

The rehabilitation centre in Vienna-Meidling, for patients with cerebral lesions, was designed following the criteria of Dr. Paul Mifka, specialist in nervous ailments.

The complex, constructed using prefabricated elements of reinforced concrete, houses rooms for 52 patients (one or three beds per room) and the corresponding analysis departments: the rehabilitation facilities, laboratories and the different therapeutic areas.

The plan, in the form of a star, facilitates communication and, in addition, enables the majority of the terraces to enjoy sun and shade, a feature which determines the length of stay in the fresh air. The building is air-conditioned throughout, due to the extreme temperature sensitivity of cerebral lesion patients. In the signposting a colour-code system is used in place of customary written indications.

Vista aérea del conjunto y en detalle de las fachadas. Perspectiva

Aerial view and detail of the facades. Perspective

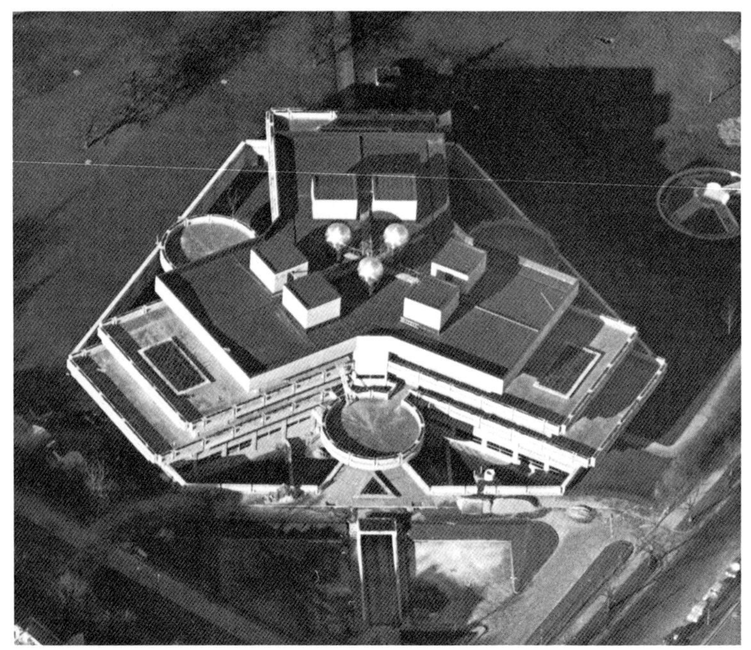

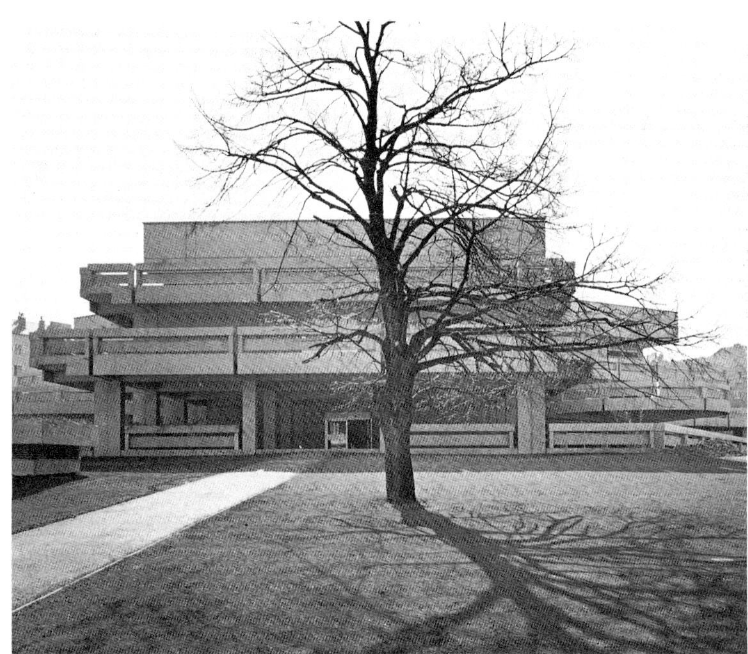

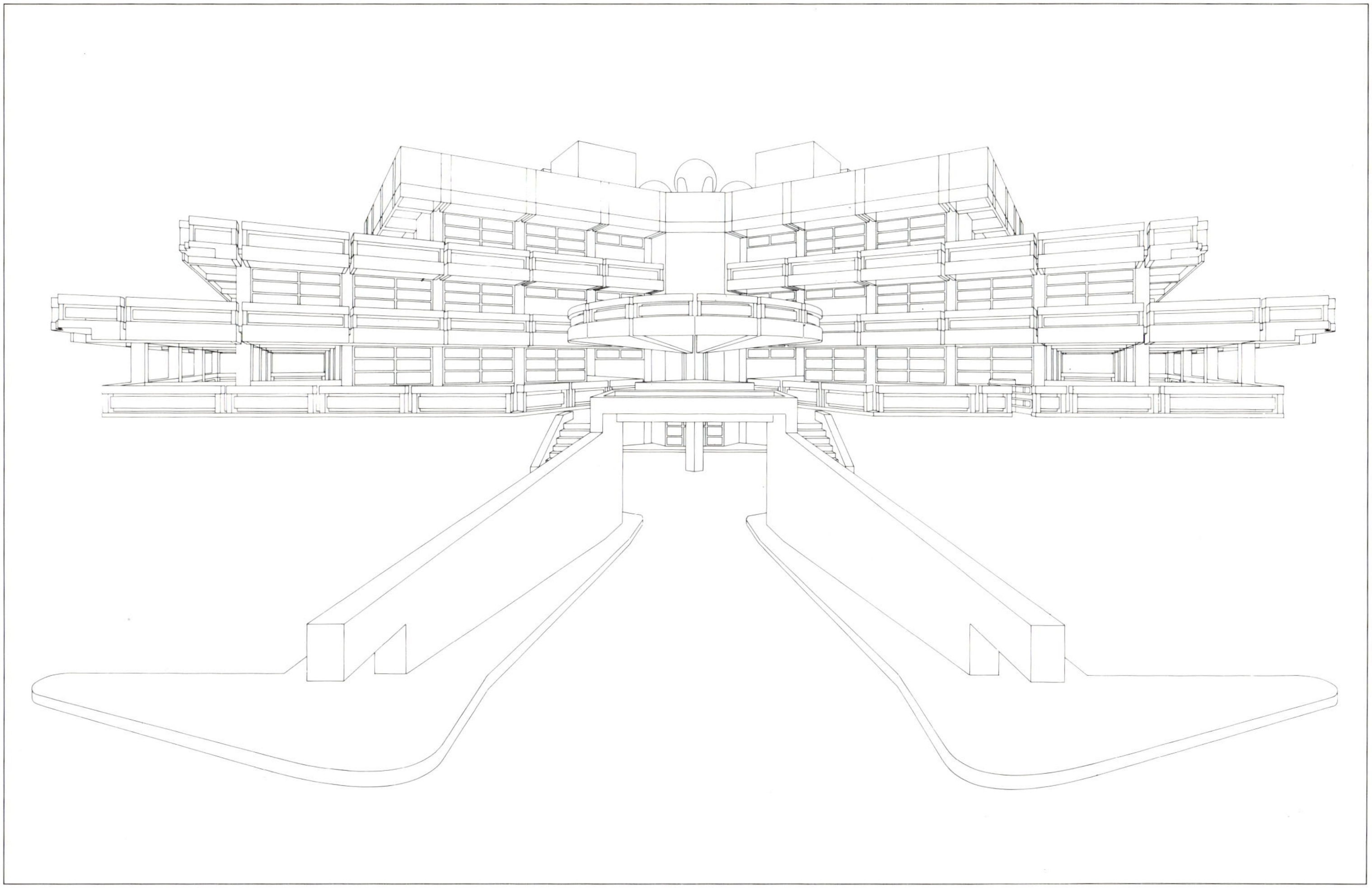

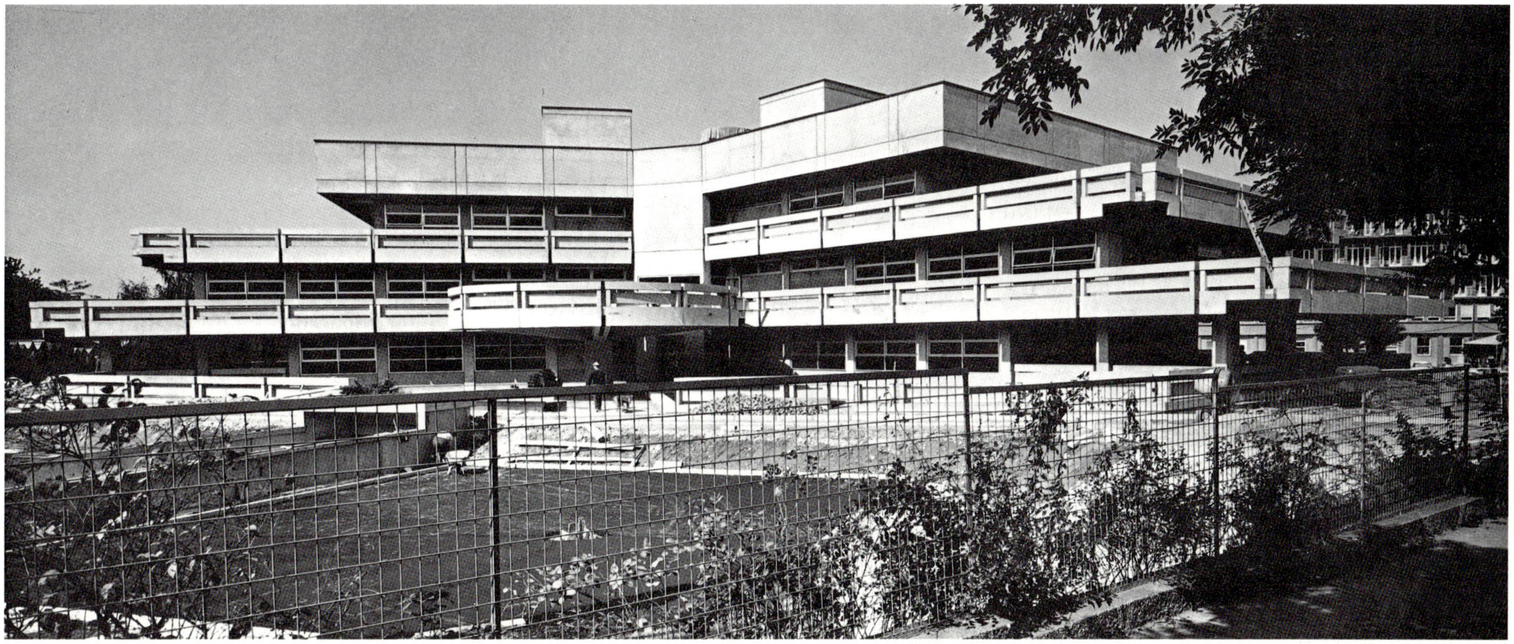

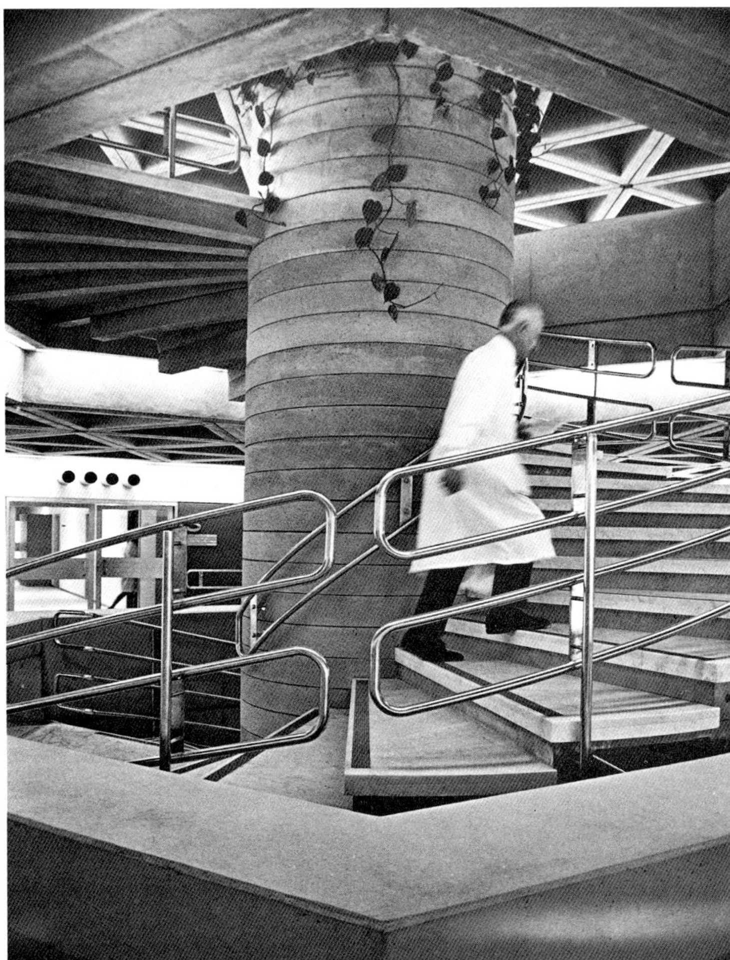

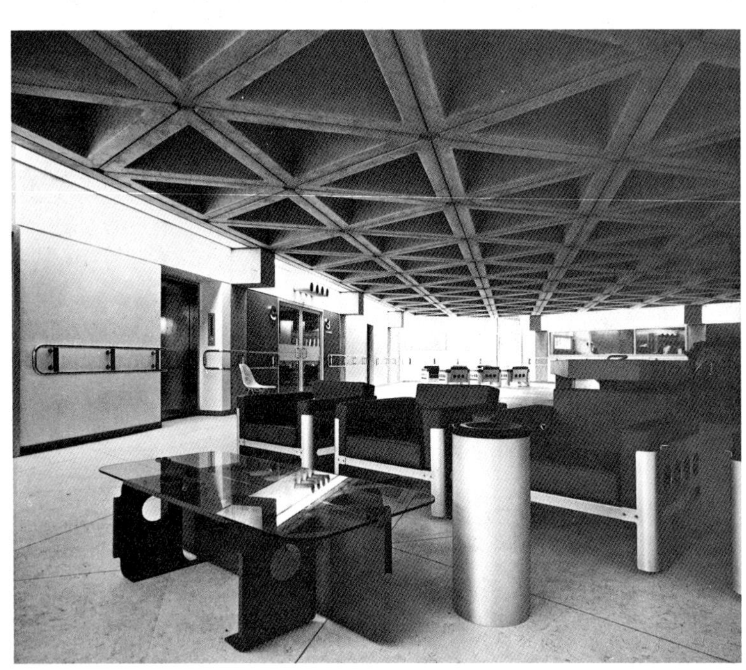

Plantas, detalles del interior y de los elementos de ventilación

Plans, details of the interior and the ventilation system

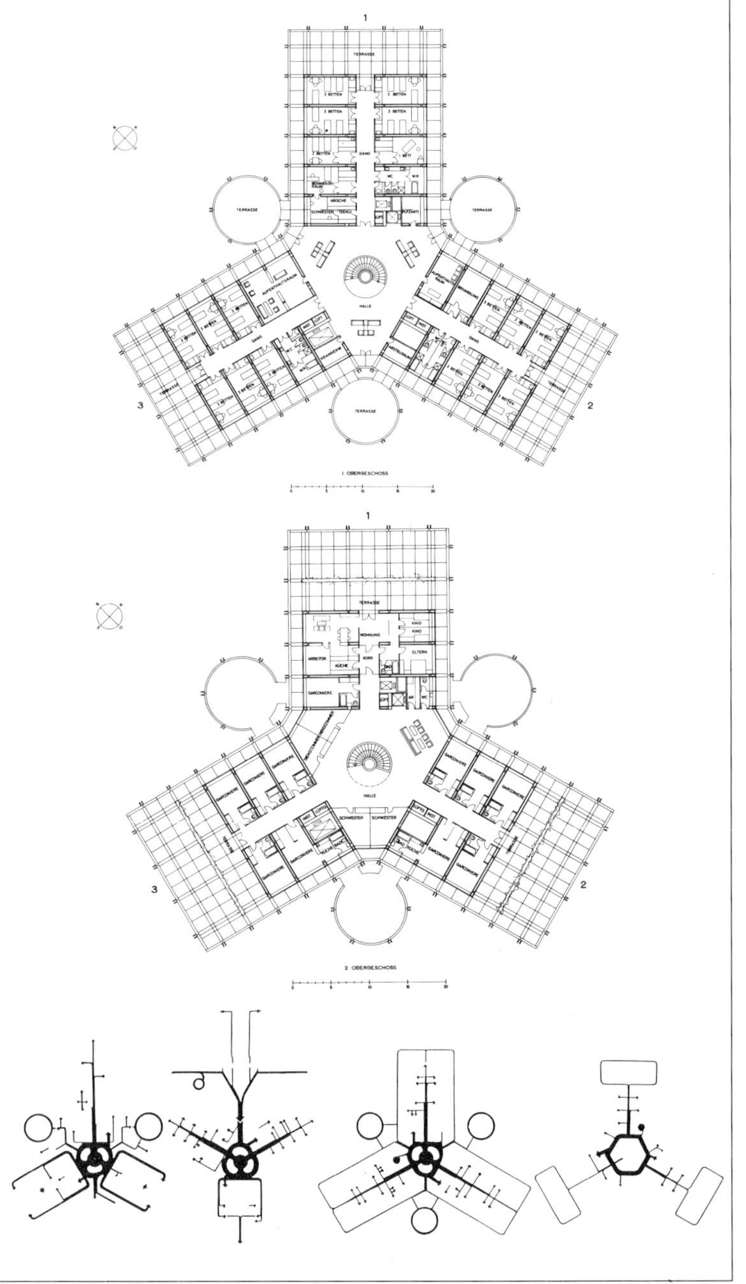

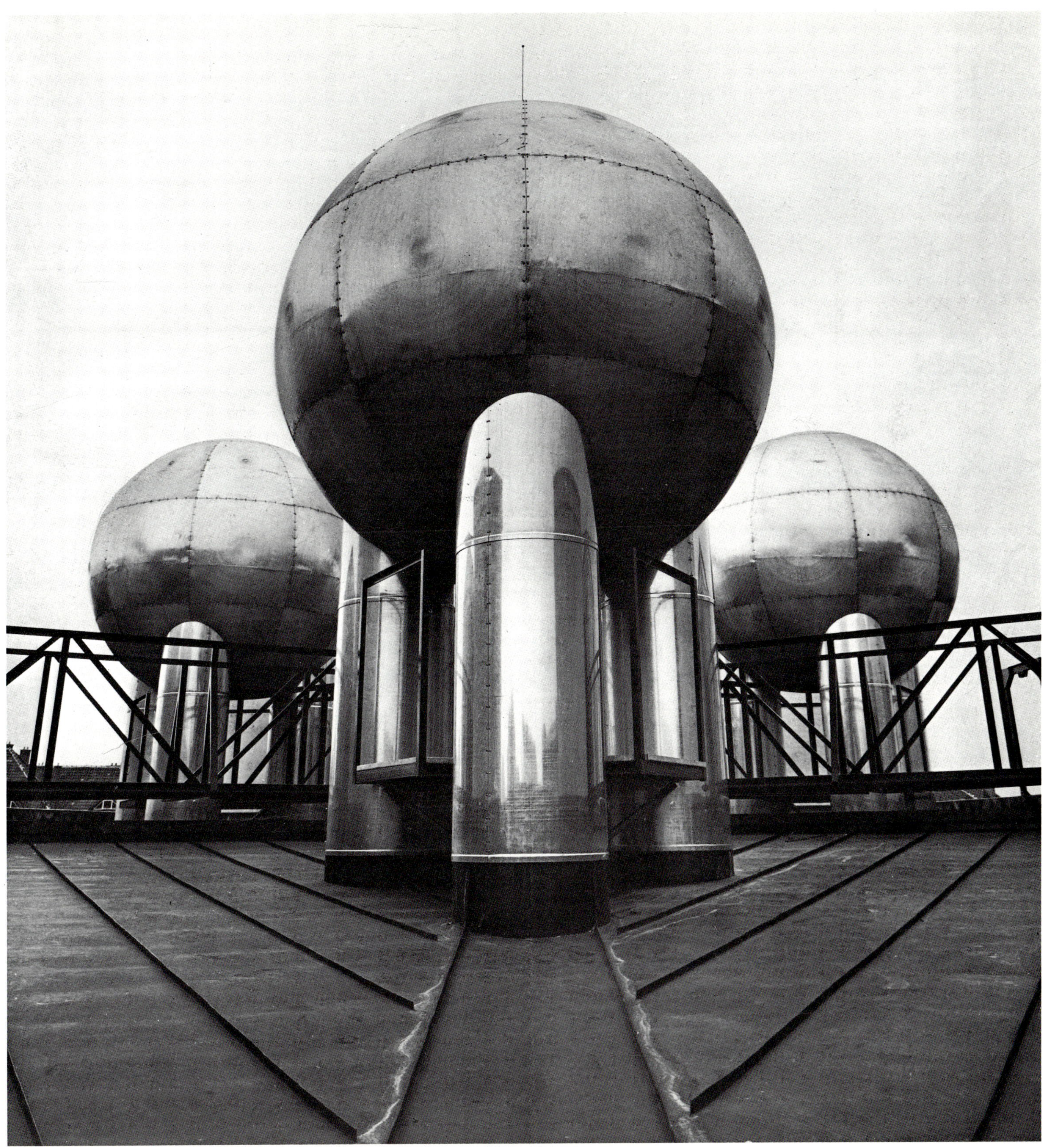

Escuela audiovisual en Mistelbach

Audiovisual school in Mistelbach

En este proyecto para una escuela pedagógico-musical con capacidad para 500 alumnos de ambos sexos, se intenta crear un sistema funcional claro y ordenado. La rentabilidad –tanto desde el punto de vista de la construcción como del funcionamiento de la escuela– fue objeto de particular consideración.

El espacio destinado a la enseñanza constituye el punto de partida del proyecto. En base a una determinada experiencia y a algunos informes apropiados se escogió la forma trapezoidal, para favorecer la iluminación natural y las posibles instalaciones de medios audiovisuales.

Por lo que se refiere a la división de las distintas funciones se prestó particular atención al departamento de audiciones que, por razones técnicas de sonido, debía situarse alejado del funcionamiento normal de la escuela.

In this project for a music-school with a capacity of 500 students of both sexes, the intention was to create a clear and ordered functional system. The economic viability, as much of the construction as of the running of the school, was given particular consideration.

The teaching area was the starting point of the design. On the grounds of particular previous experience and certain relevant reports, a trapezoidal form was chosen, to favour natural lighting and the possible installation of audio-visual equipment.

With reference to the separation of different functions, special attention was given to the music department which, for acoustic reasons, had to be located away from the schools other functions.

Conjunto de la maqueta y axonometría

Model and axonometric

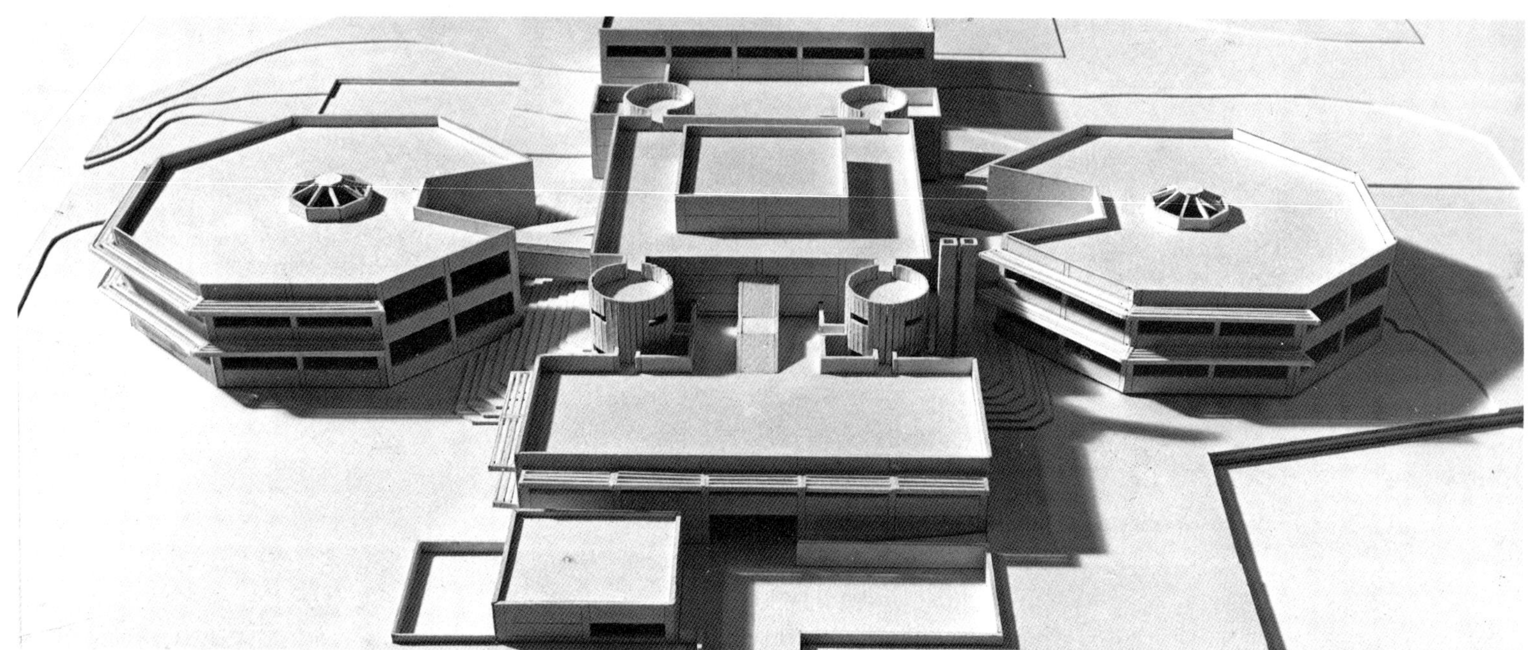

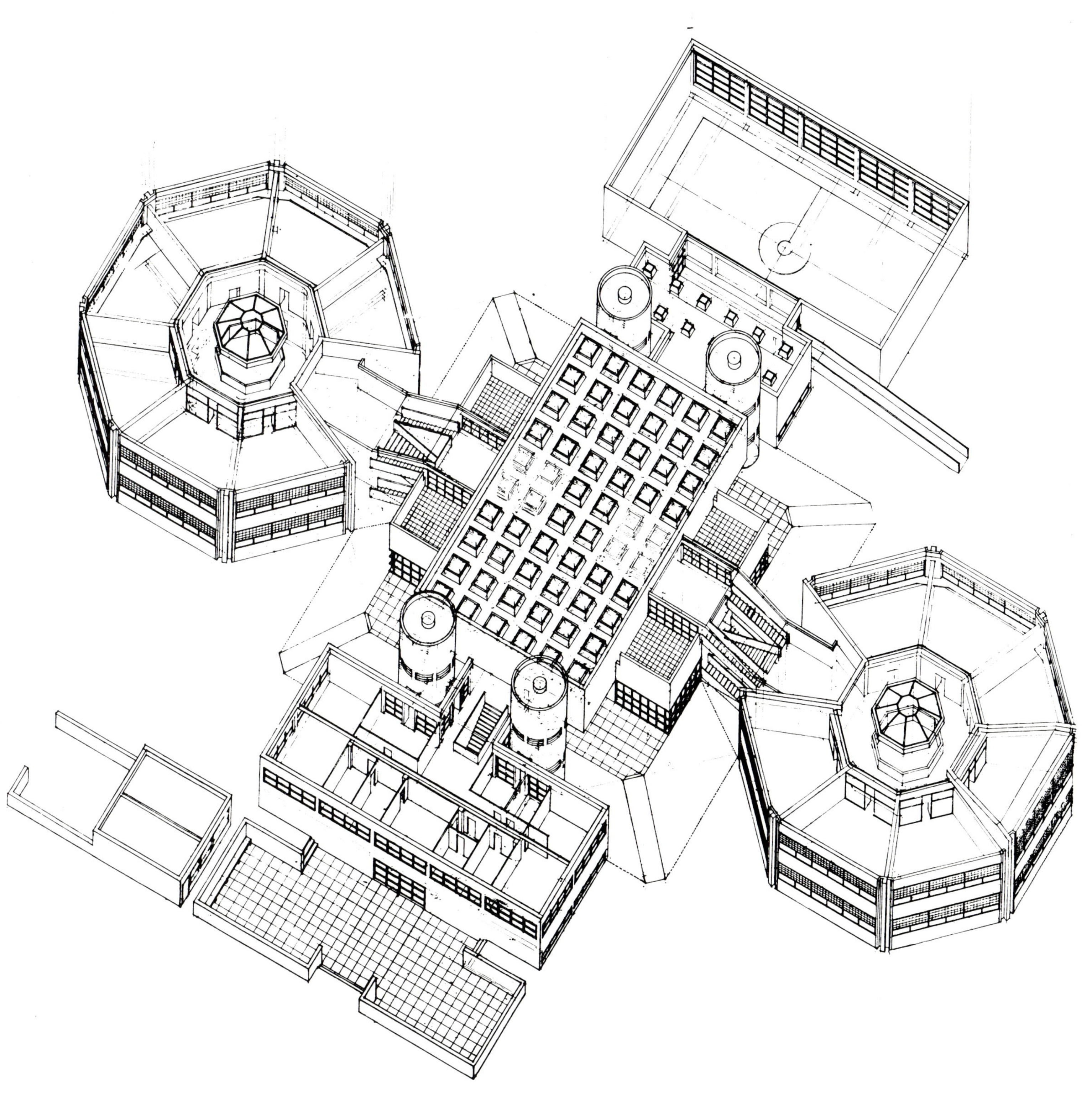

Escuela primaria en Diesterweggasse, Viena

La base de este proyecto escolar procede de aquella idea de adaptación individual de un concepto constructivo susceptible de ser reproducido en varias obras. Las distintas unidades (entradas, aulas, vestuarios y gimnasio) se pueden adaptar perfectamente al lugar de la construcción, según su situación y sus posibilidades. Se aprovechan todas las ventajas de la construcción en serie sin perder nunca el carácter individual relacionado con el lugar donde se construye.

Los alegres y vistosos colores de la nueva escuela –en el exterior un azul intenso, en el interior, en la gran sala de recreo, un amable cielo nublado– dieron a la escuela el nombre de "das Wolkenkuckucksheim von Penzing" (la Jauja de Penzing). La gran sala de recreo con sus lucernarios y su cielo constituye el punto de máxima atracción de la escuela. Los fuertes colores y las formas vigorosas confieren al edificio escolar una atmósfera cálida y alegre que incita a los niños a frecuentarlo.

Primary school in Diesterweggasse, Vienna

The basis of this project is the idea of the individual adaptation of a constructional concept so that it can be reproduced in several projects. The different units (entrances, classrooms, cloakrooms and gymnasium) adapt perfectly to the site, depending on their location and characteristics. All the advantages of serialised construction are exploited, without ever losing the individual relationship with the site.

The bright and cheerful colours of the new school –outside a deep blue, inside, in the recreation hall, a pleasant sky with clouds– gave the school the name "das Wolkenkuckucksheim von Penzing" (the cloudcuckooland of Penzing). The large recreation hall with its rooflights and sky is the main point of attraction of the school. The strong colours and vigorous forms lend a warm and happy atmosphere to the school building, inviting the children to visit it.

Planta y axonometría

Plan and axonometric

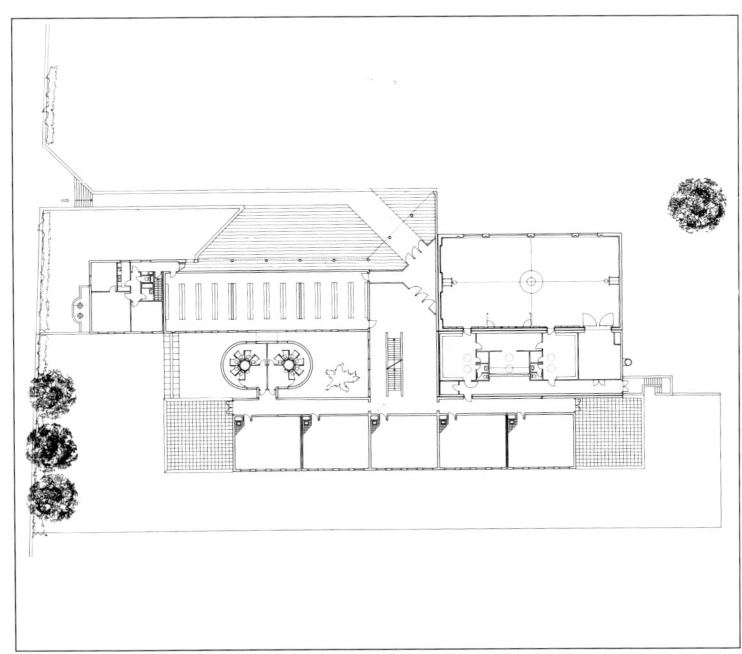
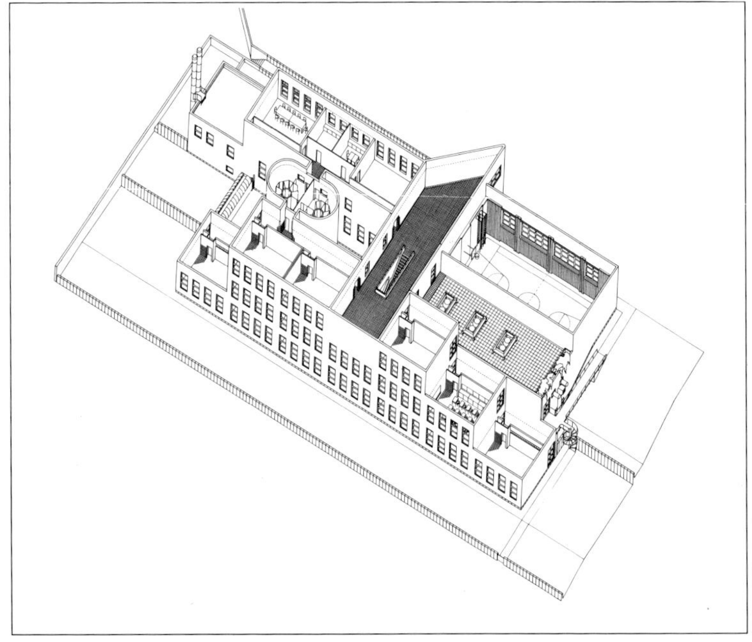

Vistas del exterior y detalle de un lucernario

Views of the exterior and rooflight detail

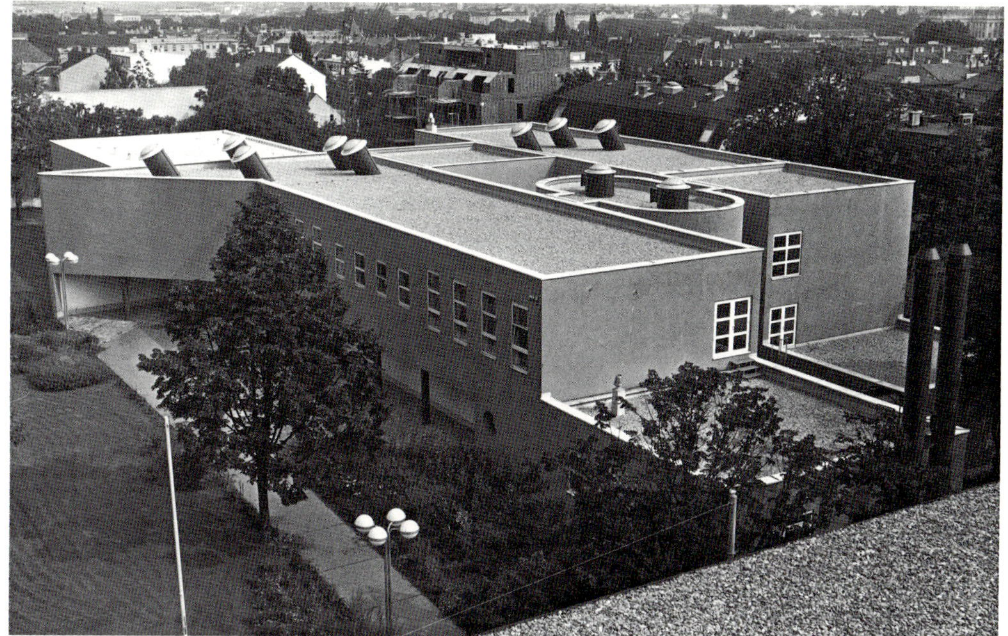

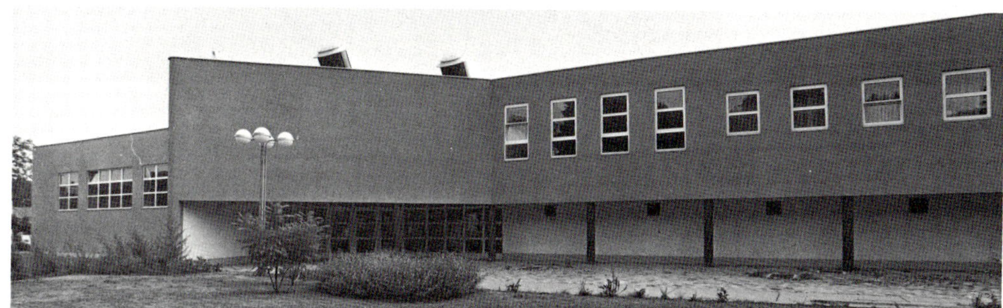

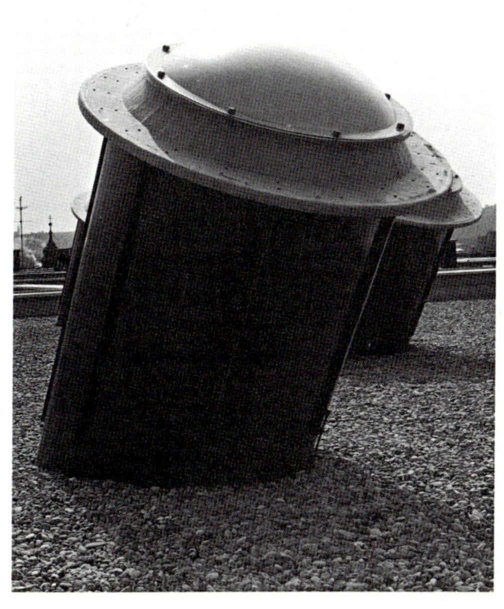

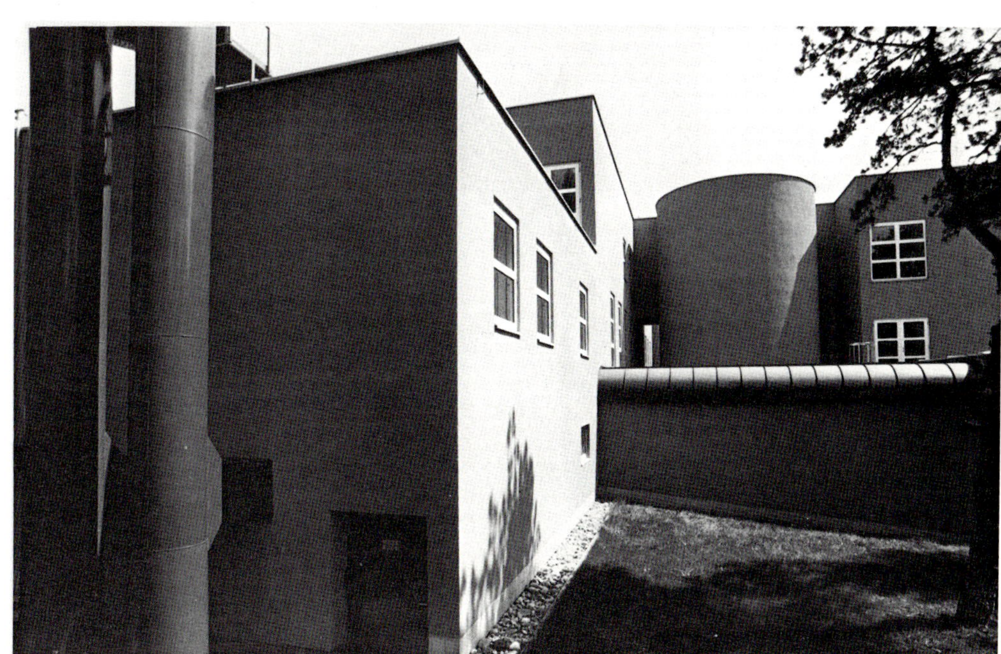

1968-1972

Estudios para la Radio Austríaca (ORF) en Dornbirn, Innsbruck, Linz y Salzburgo

Studios for Austrian Radio (ORF) in Dornbirn, Innsbruck, Linz and Salzburg

Peichl, con su equipo de doce colaboradores, proyectó cuatro estudios para la Radio Austríaca, en Dornbirn, Innsbruck, Linz y Salzburgo. Los cuatro edificios se basan en un mismo programa de espacios con la misma organización de trabajo. El cliente pedía, sobre todo, conexiones rápidas, flexibilidad y posibilidad de ampliar cualquier parte del edificio. Peichl creó, para cada caso, un proyecto muy claro, racionalizando la dirección de la obra. Los estudios se componen de dos cuerpos, organizados alrededor de un núcleo, y un vestíbulo central circular con una altura de dos plantas. El cuerpo de las oficinas sobre el cual se sitúa la antena, se introduce a modo de cuña en ángulo recto en el vestíbulo central. Los distintos espacios de los estudios, que ocupan varias plantas, se sitúan radialmente alrededor de los restantes 270 grados del círculo; todos son accesibles a través del vestíbulo.

La arquitectura de una obra técnica depende de determinados hechos, pero su verdadero campo de acción es la expresión, la "estética técnica", que debe entenderse como una estética abstracta o incluso matemática. No es una estética

Peichl, with his team of twelve assistants, designed four studios for Austrian Radio, in Dornbirn, Innsbruck, Linz and Salzburg, based on the same brief and operational structure. The client demanded, above all, rapid connections, flexibility and the possibility of extending any part of the building. Peichl created, in each case, a clearly defined project, rationalising the supervision of the construction. The studios are composed of two volumes, organised around a central nucleus and double-height circular vestibule. The office volume, over which the antenna is placed, is introduced in the form of a right-angled wedge in the central vestibule. The different studio spaces, which occupy several floors, are situated radially around the remaining 270° of the circle and are all accessible from the vestibule.

Although the architecture of a technical project is dependant on definite factors, its major significance is in its expressiveness, its "technical aesthetic", which is thought of as an abstract, most mathematical, aesthetic. It is not a classical aesthetic, arising from a philosophical concept, but one which relies extensively on a methodological concept based on objec-

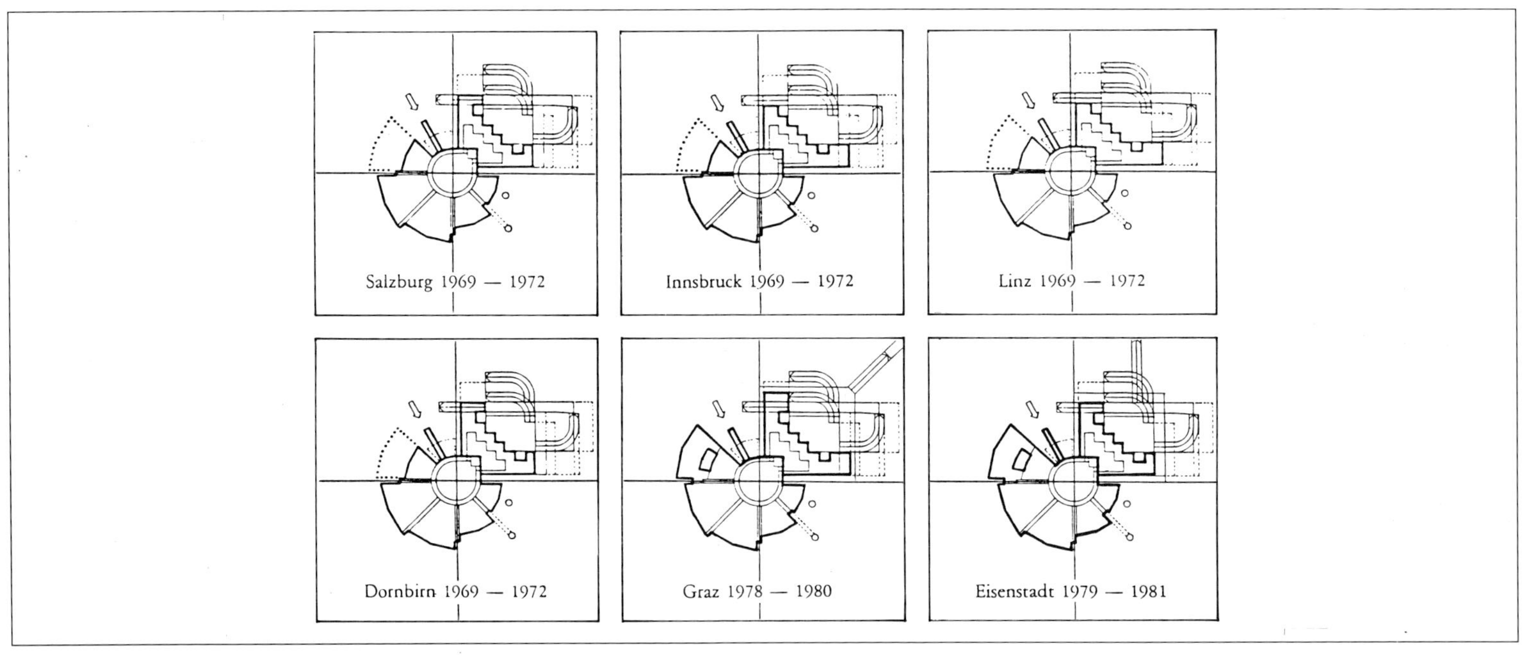

Plantas de los distintos edificios y estudio axonométrico funcional

Plans of the different buildings and axonometric functional studies

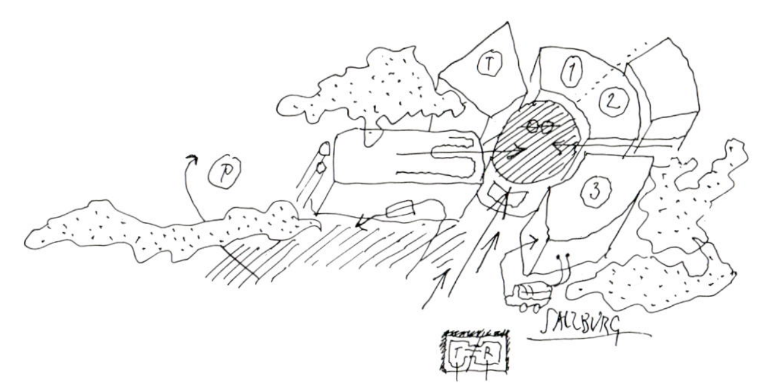

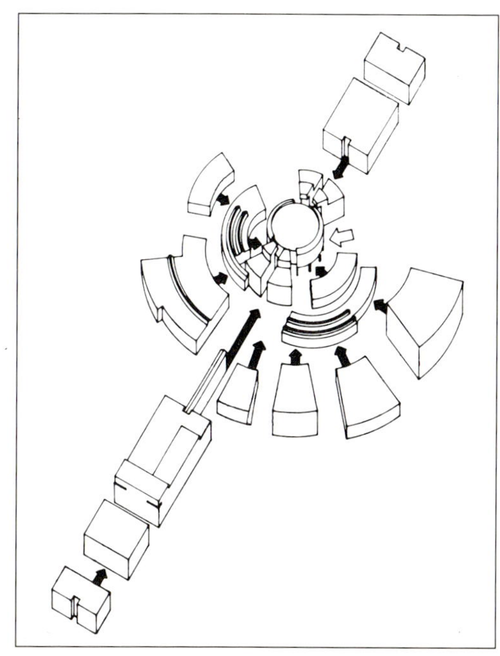

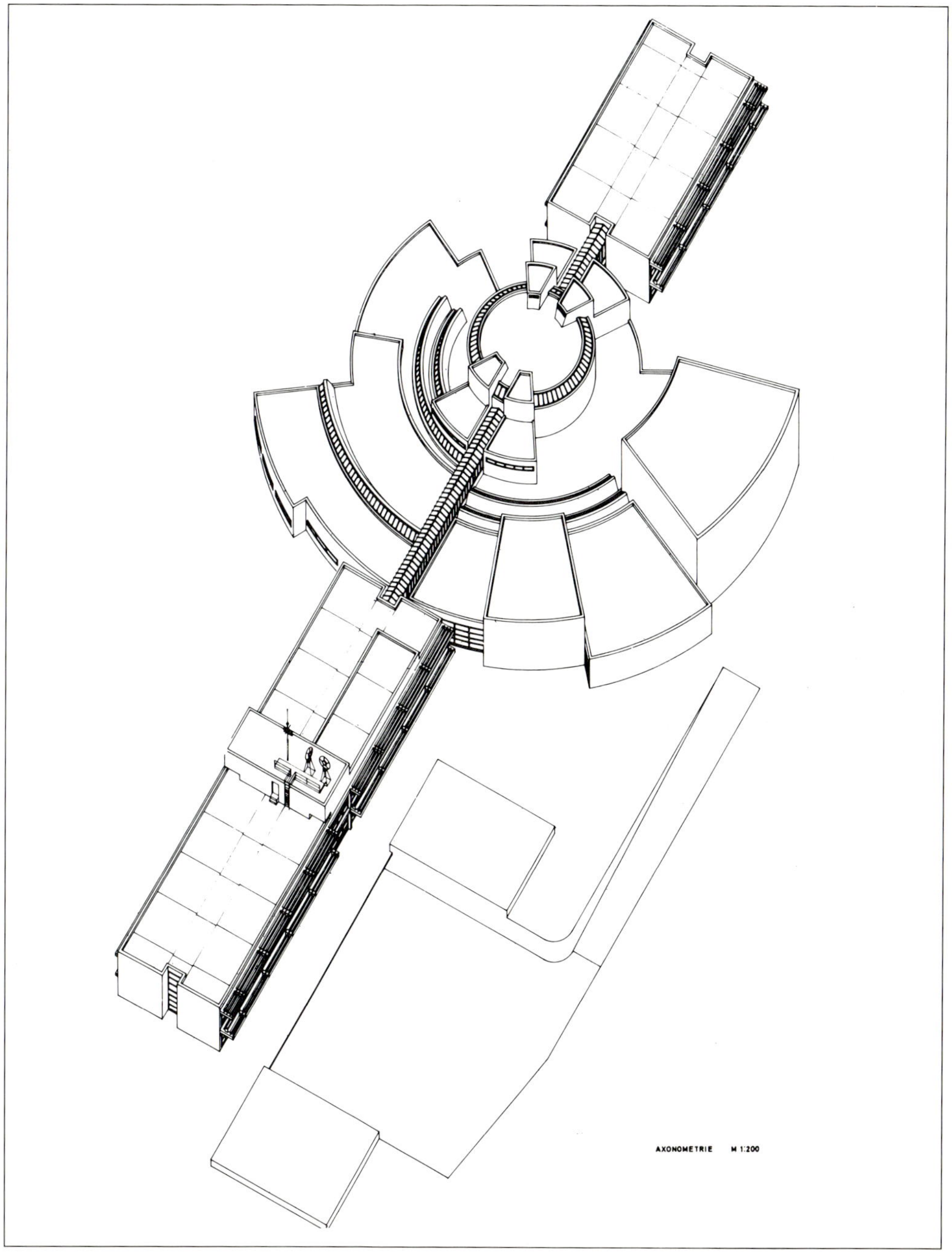

AXONOMETRIE   M 1:200

como la clásica que proviene de una concepción filosófica, sino que depende ampliamente de una concepción metodológica, es decir que se basa en medidas objetivas y no subjetivas. Esta estética se sirve de determinados procedimientos matemáticos y empíricos y de representaciones abstractas.

La búsqueda de una solución para la construcción de un nuevo edificio de la Radio no sólo implica el estudio de una solución individual y especial, sino el de una tipología correcta.

tive rather than subjective criteria, making use of definite mathematical and empirical procedures and abstract representations.

The search for a design for a new radio building not only implies the working out of an individual and specialised scheme, but above all, of an accurate typology.

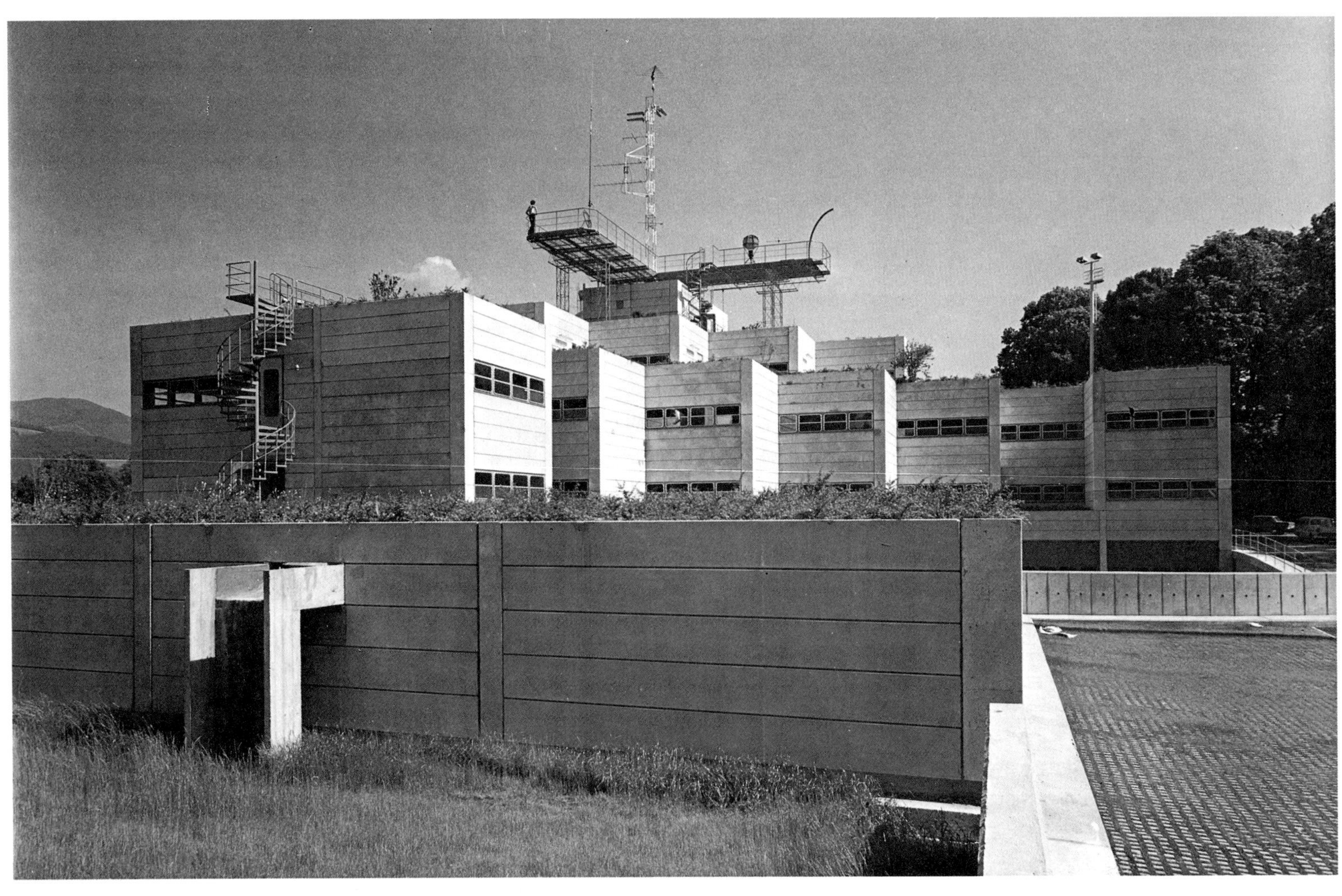

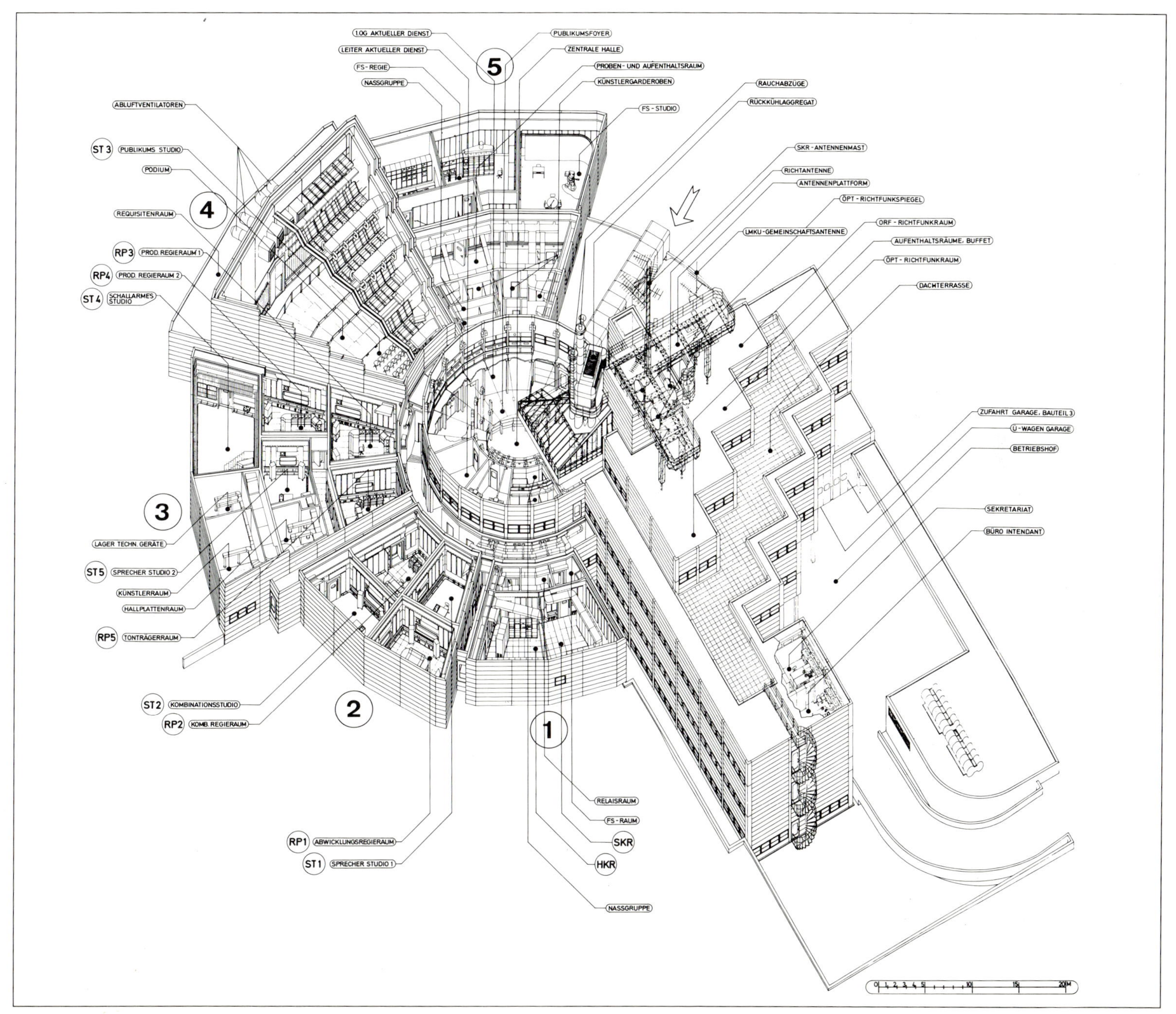
1.OG AKTUELLER DIENST
LEITER AKTUELLER DIENST
FS - REGIE
NASSGRUPPE
5
PUBLIKUMSFOYER
ZENTRALE HALLE
PROBEN - UND AUFENTHALTSRAUM
KÜNSTLERGARDEROBEN
FS - STUDIO
RAUCHABZÜGE
RÜCKKÜHLAGGREGAT
SKR - ANTENNENMAST
RICHTANTENNE
ANTENNENPLATTFORM
ÖPT - RICHTFUNKSPIEGEL
ORF - RICHTFUNKRAUM
LMKU - GEMEINSCHAFTSANTENNE
AUFENTHALTSRÄUME, BUFFET
ÖPT - RICHTFUNKRAUM
DACHTERRASSE
ZUFAHRT GARAGE, BAUTEIL 3
Ü - WAGEN GARAGE
BETRIEBSHOF
SEKRETARIAT
BÜRO INTENDANT
ABLUFTVENTILATOREN
ST 3 PUBLIKUMS STUDIO
PODIUM
4
REQUISITENRAUM
RP 3 PROD. REGIERAUM 1
RP 4 PROD. REGIERAUM 2
ST 4 SCHALLARMES STUDIO
3
LAGER TECHN. GERÄTE
ST 5 SPRECHER STUDIO 2
KÜNSTLERRAUM
HALLPLATTENRAUM
RP 5 TONTRÄGERRAUM
ST 2 KOMBINATIONSSTUDIO
RP 2 KOMB. REGIERAUM
2
1
RELAISRAUM
FS - RAUM
SKR
HKR
NASSGRUPPE
RP 1 ABWICKLUNGSREGIERAUM
ST 1 SPRECHER STUDIO 1
0 1 2 3 4 5   10   15   20 M

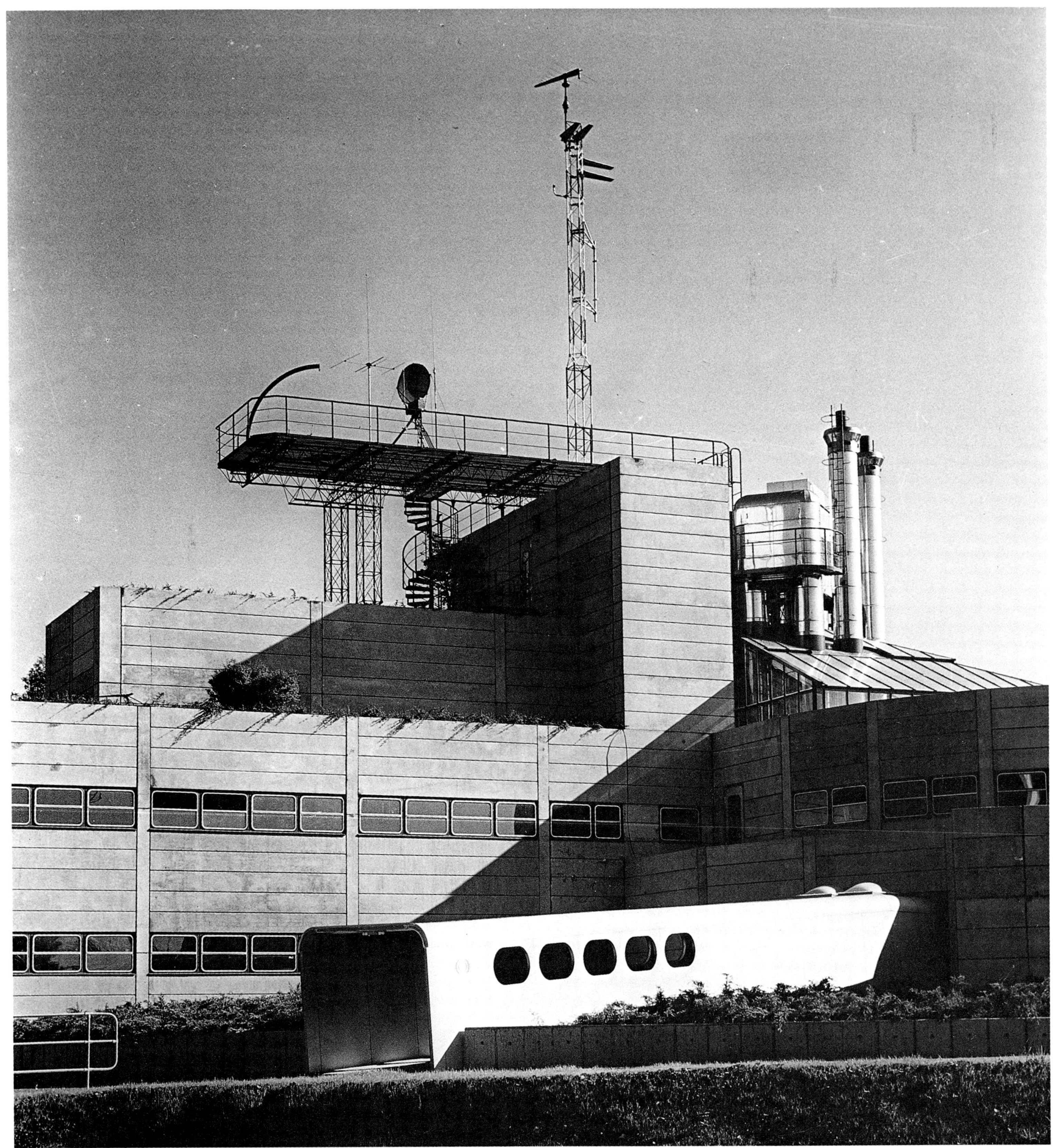

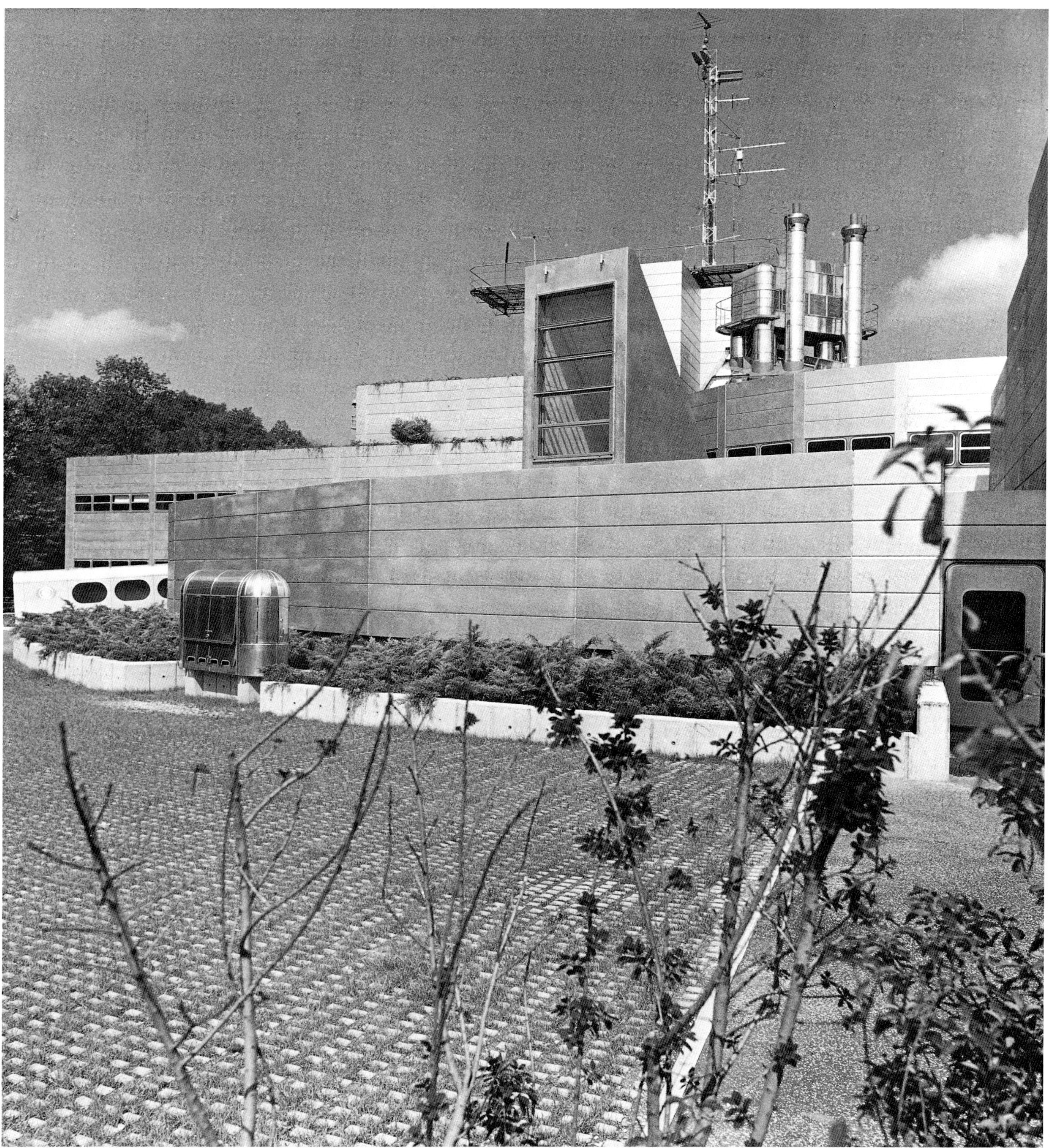

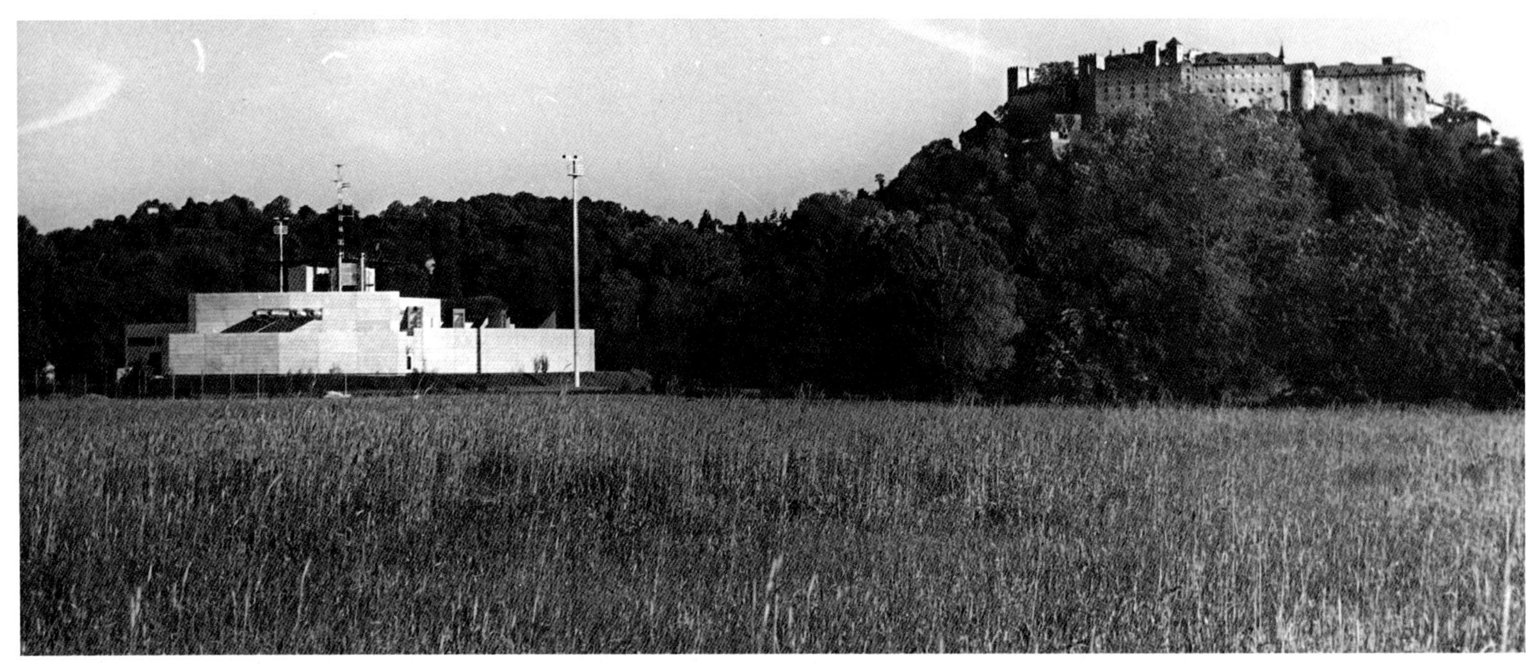

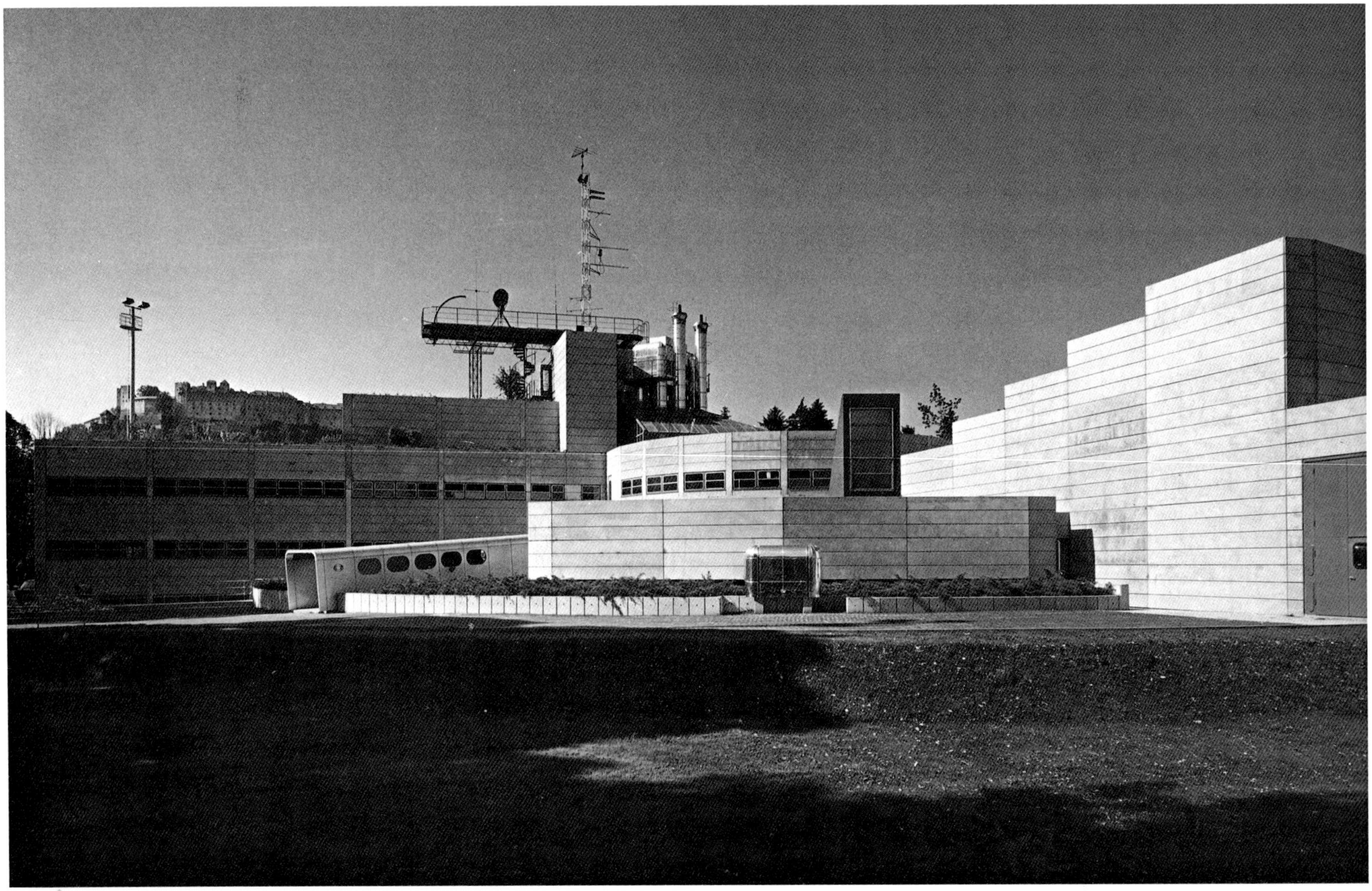

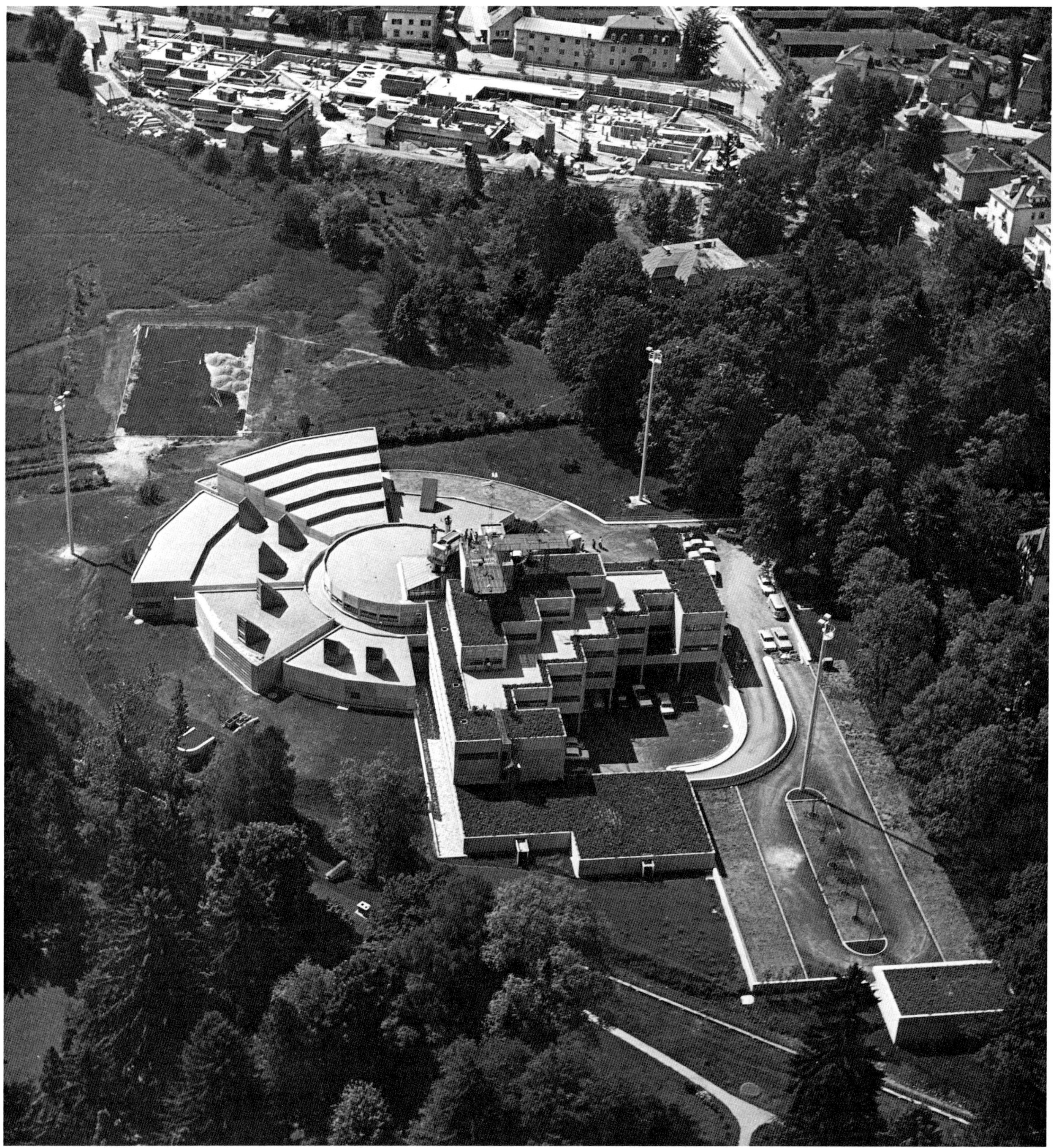

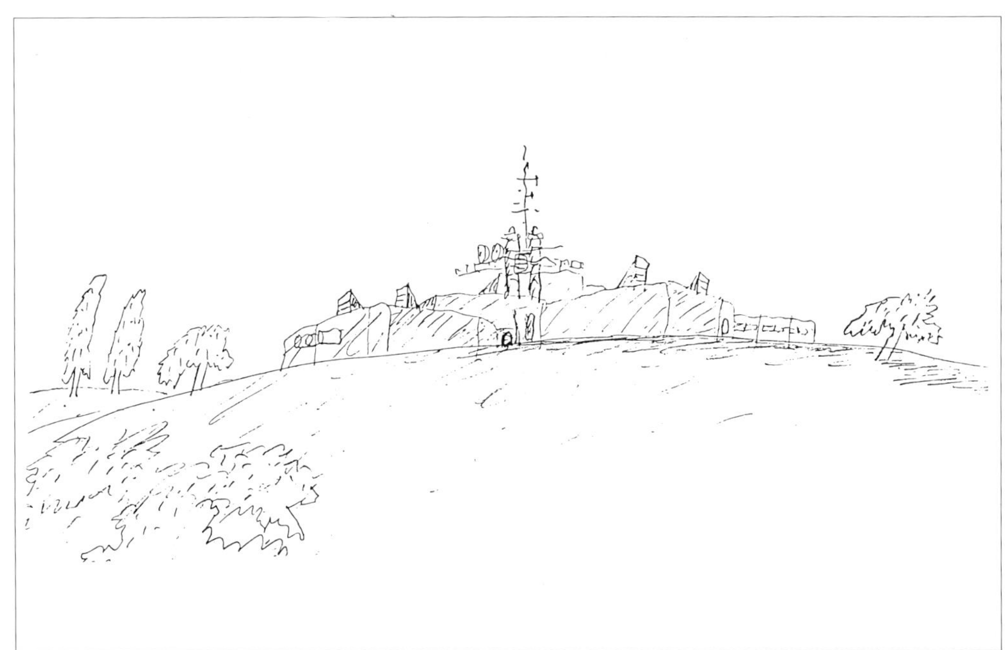

Boceto, detalle, plantas del vestíbulo circular y vista de una célula de estudio

Sketch, detail and plans of the circular vestibule and view of a studio cell

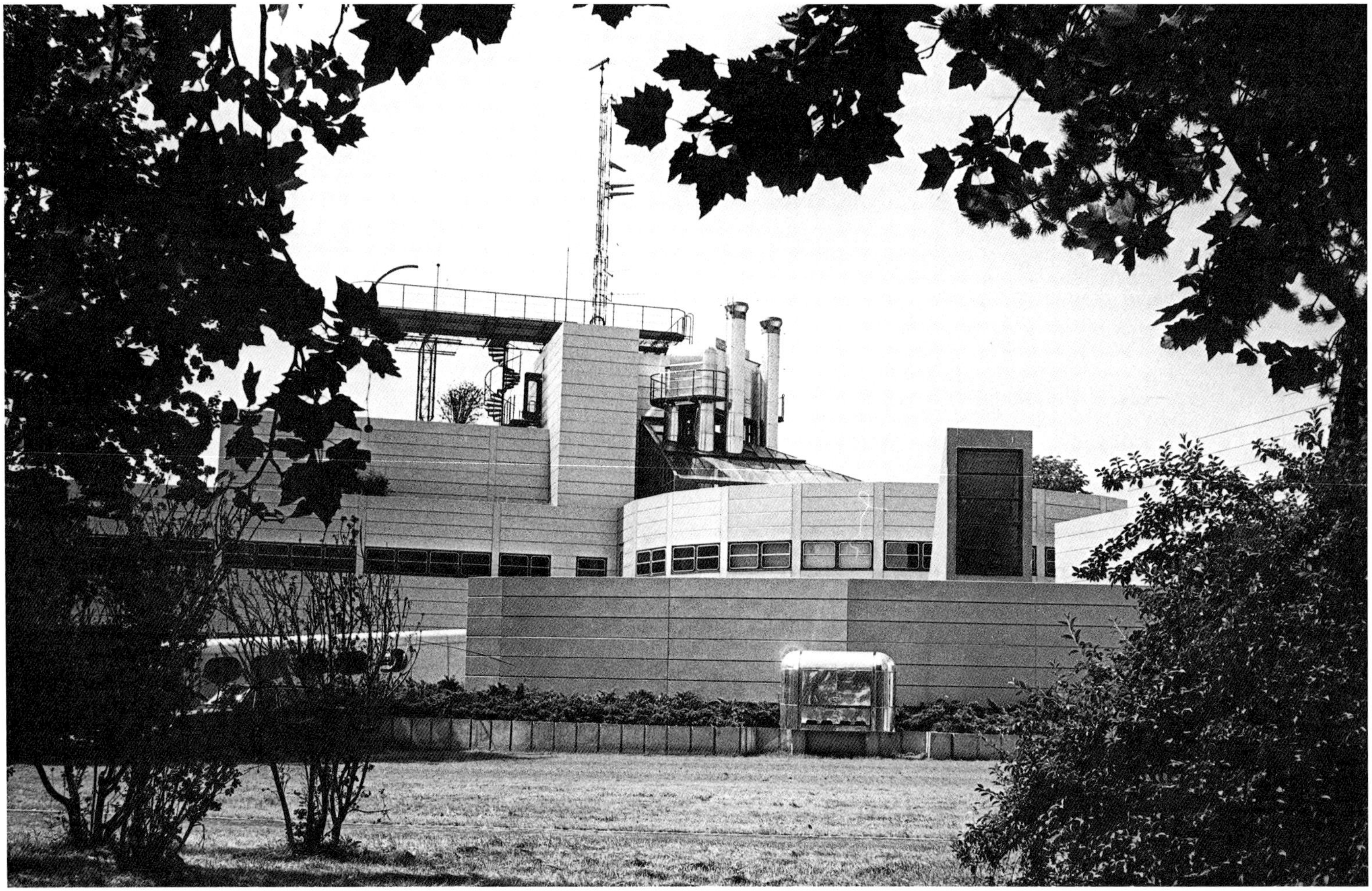

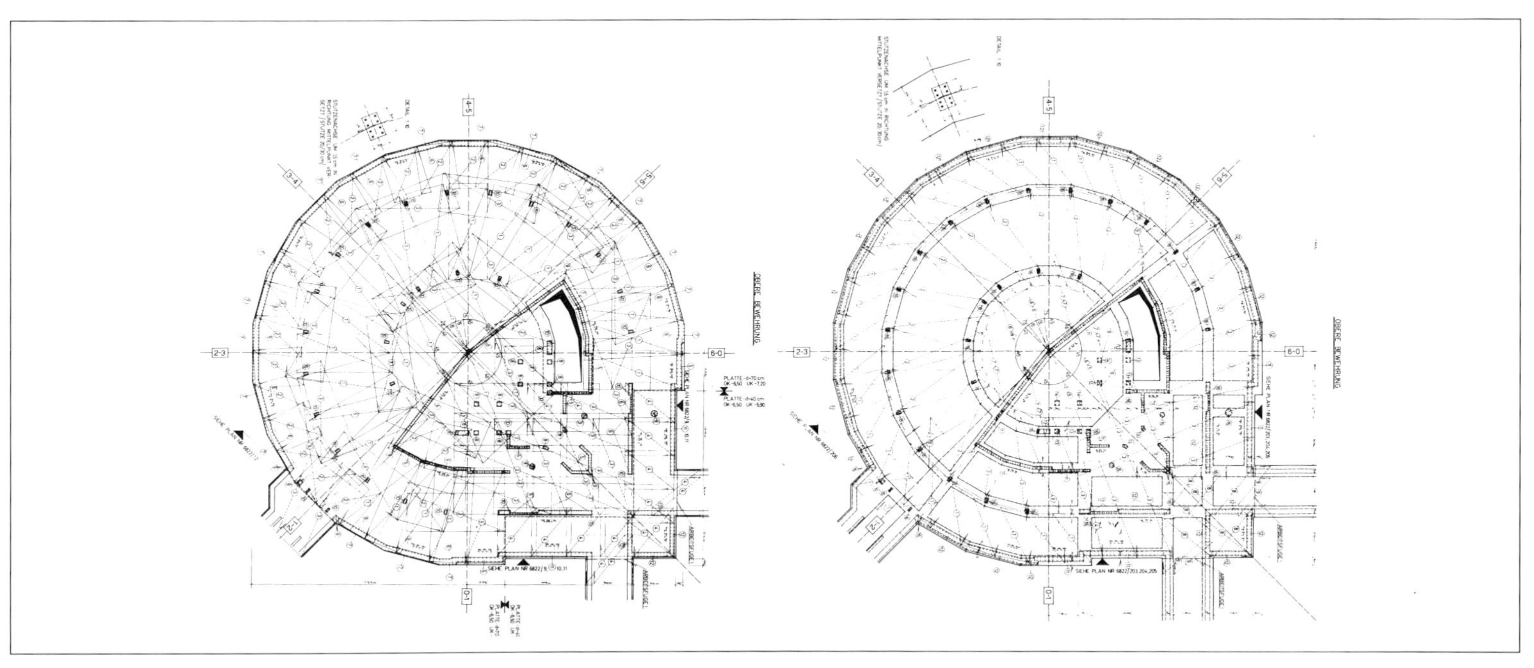

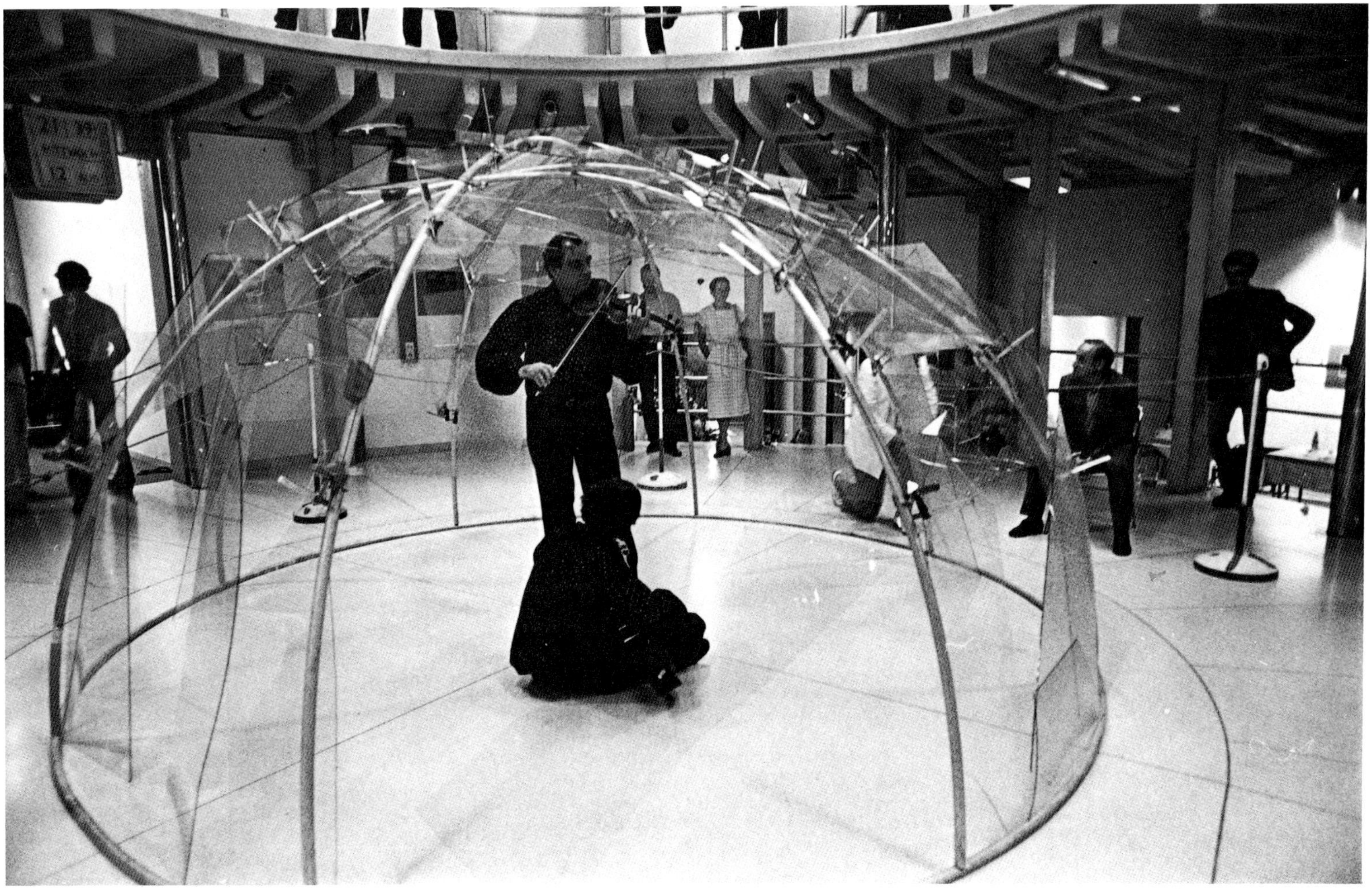

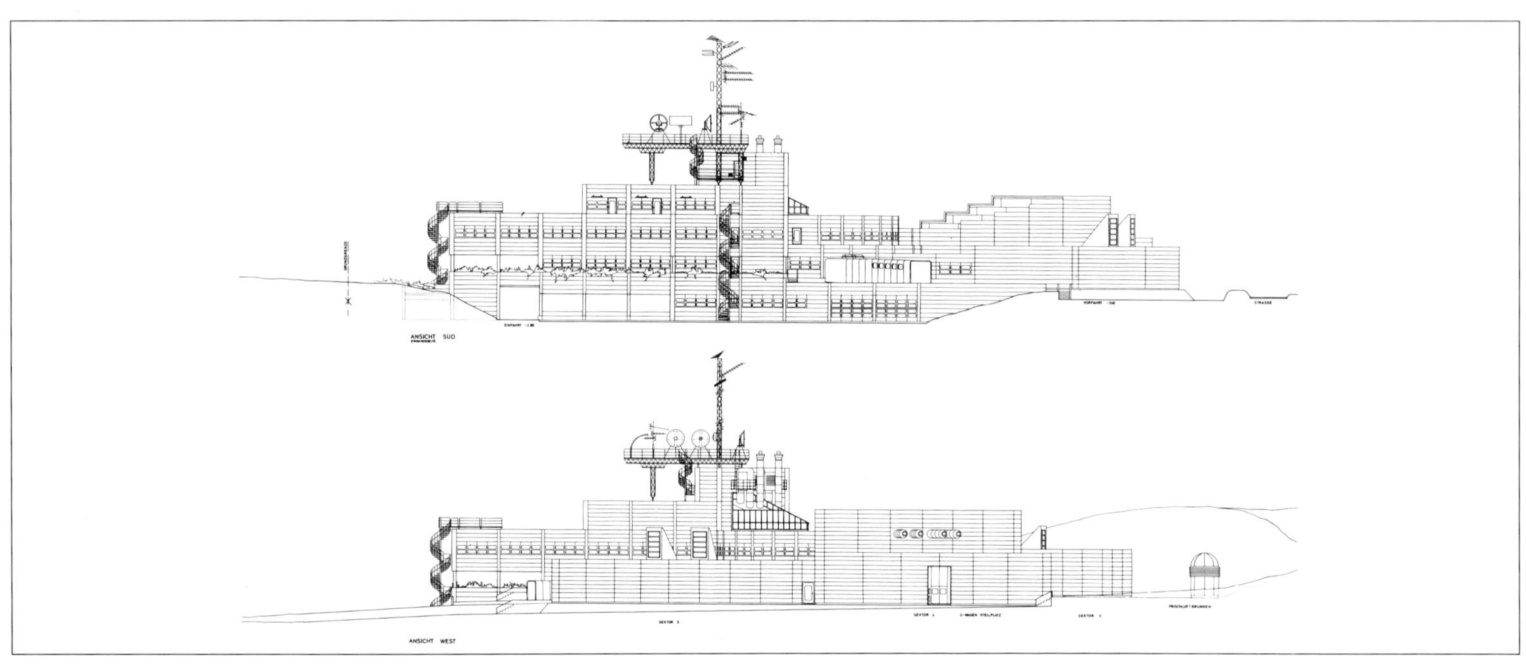
ANSICHT SUD
ANSICHT WEST

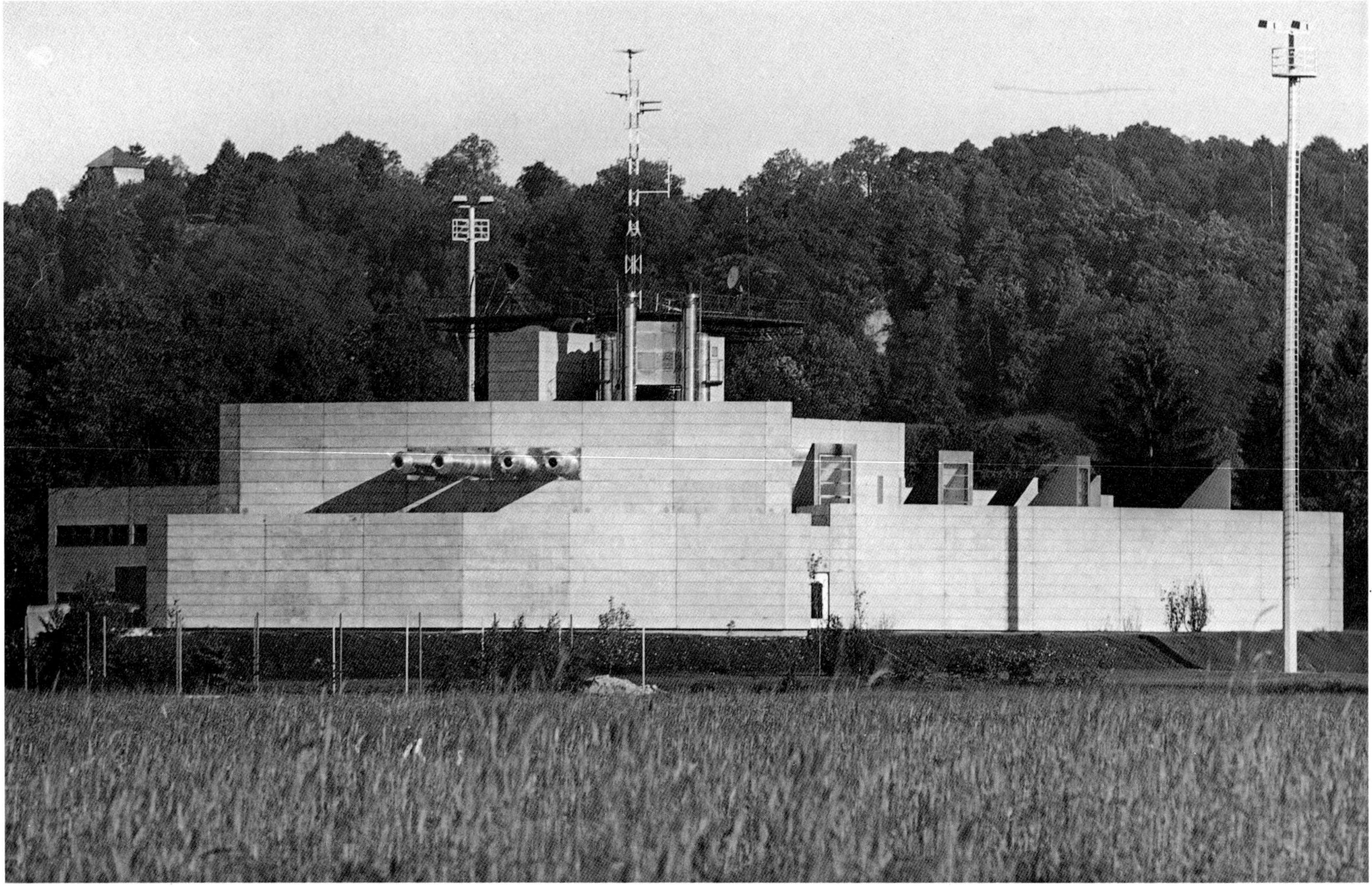

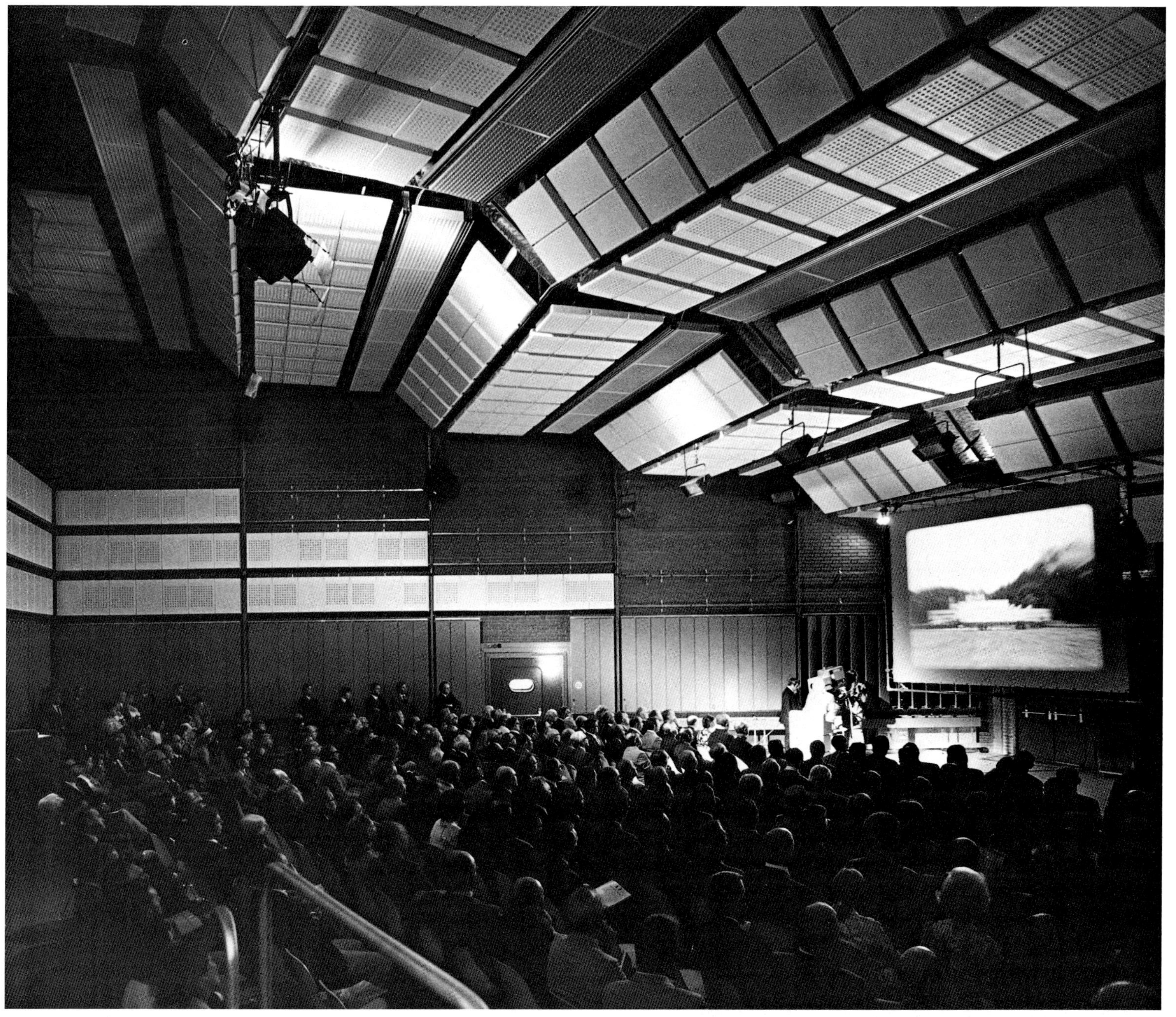

Estación radiosatélite en Aflenz

La estación de radio de Aflenz se encuentra en un terreno de suave pendiente a mediodía situado al norte de Grassnite, en la provincia de la Alta Estiria. Atendiendo a las reclamaciones de la comunidad, se optó por una construcción completamente enterrada para no alterar el paisaje natural ni tan siquiera en las zonas donde la pendiente fuese menor.

A fin de emplazar las antenas parabólicas de veintisiete metros de diámetro, así como el edificio central de operaciones, se realizaron otras tantas excavaciones de igual diámetro habida cuenta de que, si bien en principio sólo se instalaría una antena, el equipo constaría finalmente de cuatro. La excavación correspondiente a la central se destinó a patio, localizando la sala de maquinaria para el suministro eléctrico en la ladera septentrional. Las salas de control se orientaron al patio y las de reunión y de visitas, junto a los comedores, se distribuyeron formando la circunferencia sur más exterior, haciendo notar que al dotarlas de aberturas, no precisaría de un movimiento de tierras excesivo.

Radio Satellite Station in Aflenz

The Aflenz relay station is located north of the community of Grassnitz in the province of Upper Styria, on a site of fields and meadows sloping gently to the south. As a result of action by the neighboring populace, all buildings were located underground, with the final slope elevations almost unchanged from the original.

Ninety-foot-diameter holes were hollowed out for each of the ninety-foot-wide parabolic antenas (first one, with provisions for three more) and the central operations building. The operations building uses the circular hollow as a court, lodging electrical supply rooms into the hill on the north. Control rooms facing the court on the south and on the outer southern circumference, lounges, dining rooms, and visitor rooms, with windows requiring the minimum slit cut into the earth.

El edificio y su entorno. Axonometrías

The building and its surroundings. Axonometrics

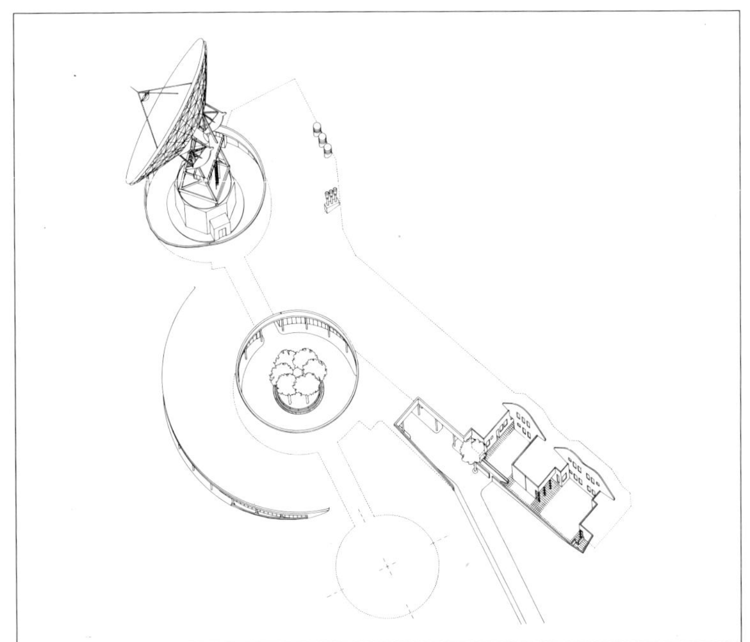

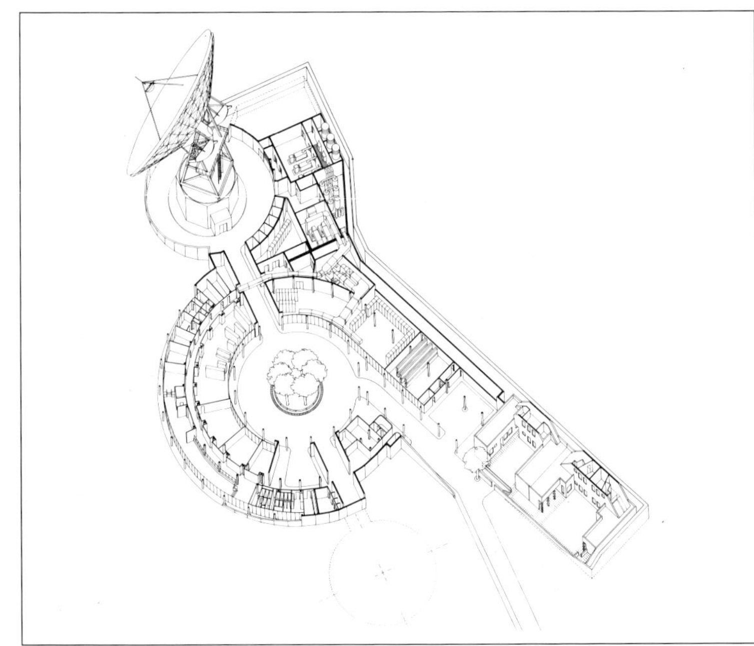

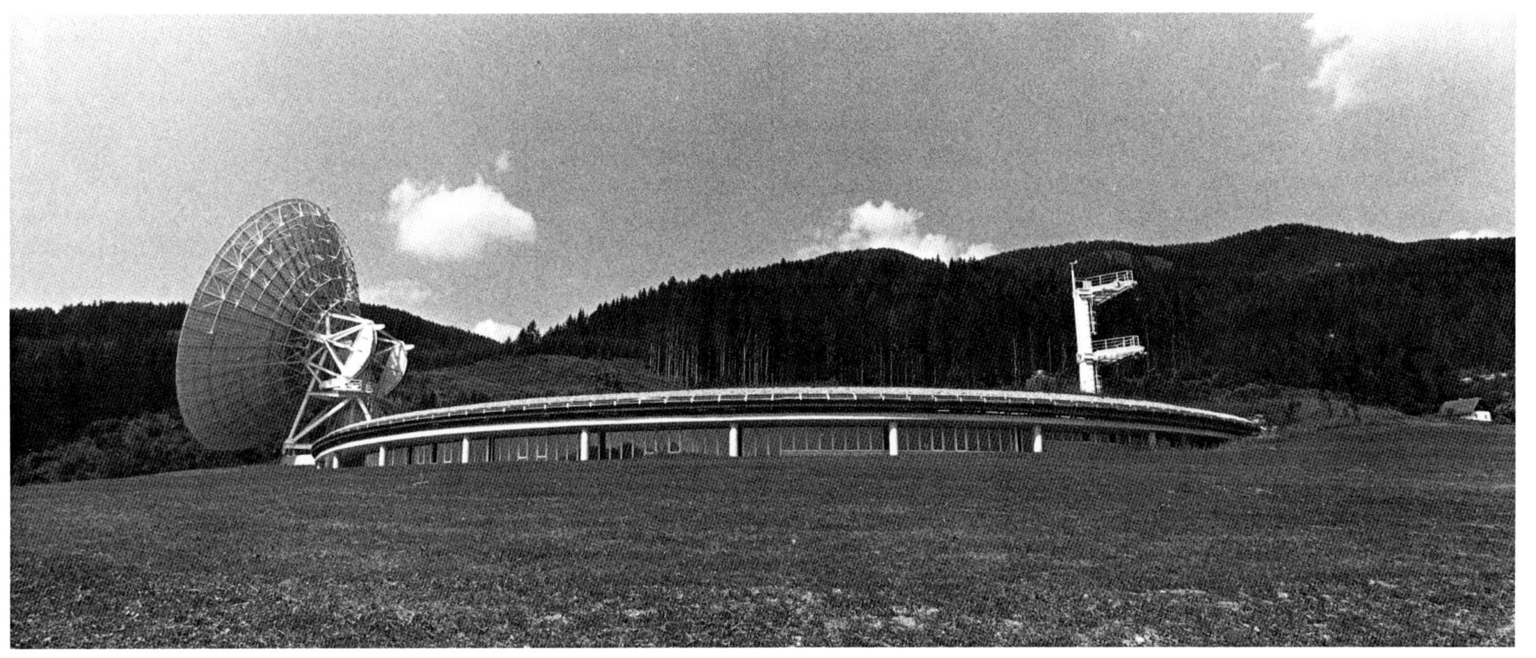

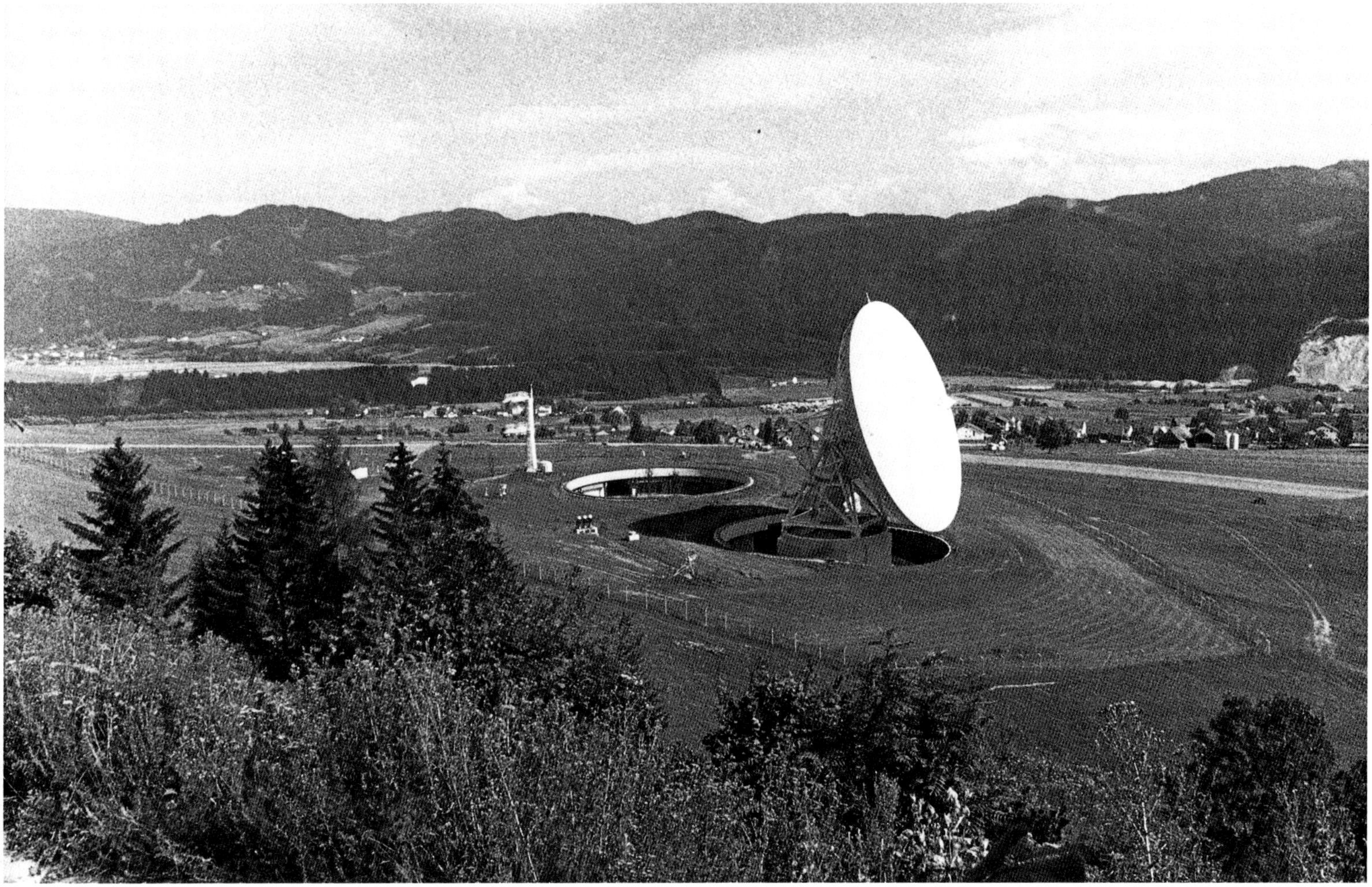

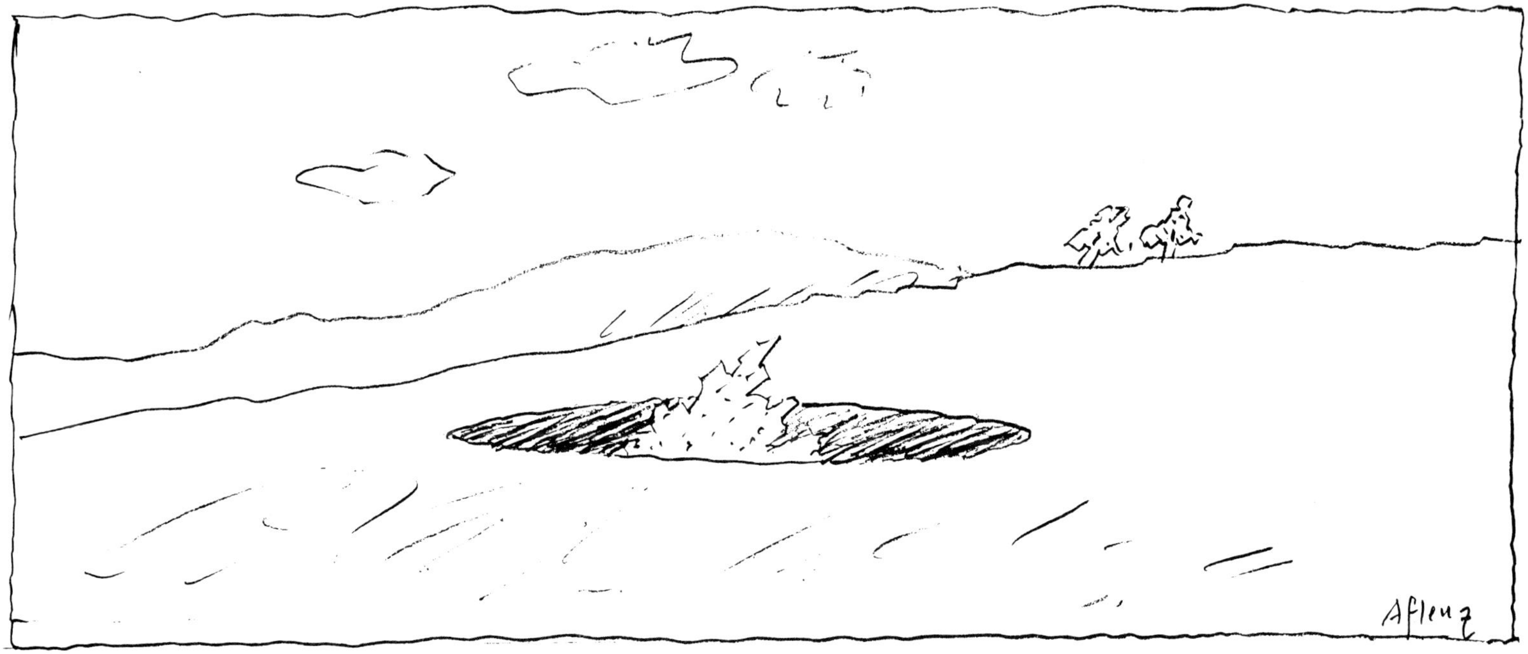

Aflenz

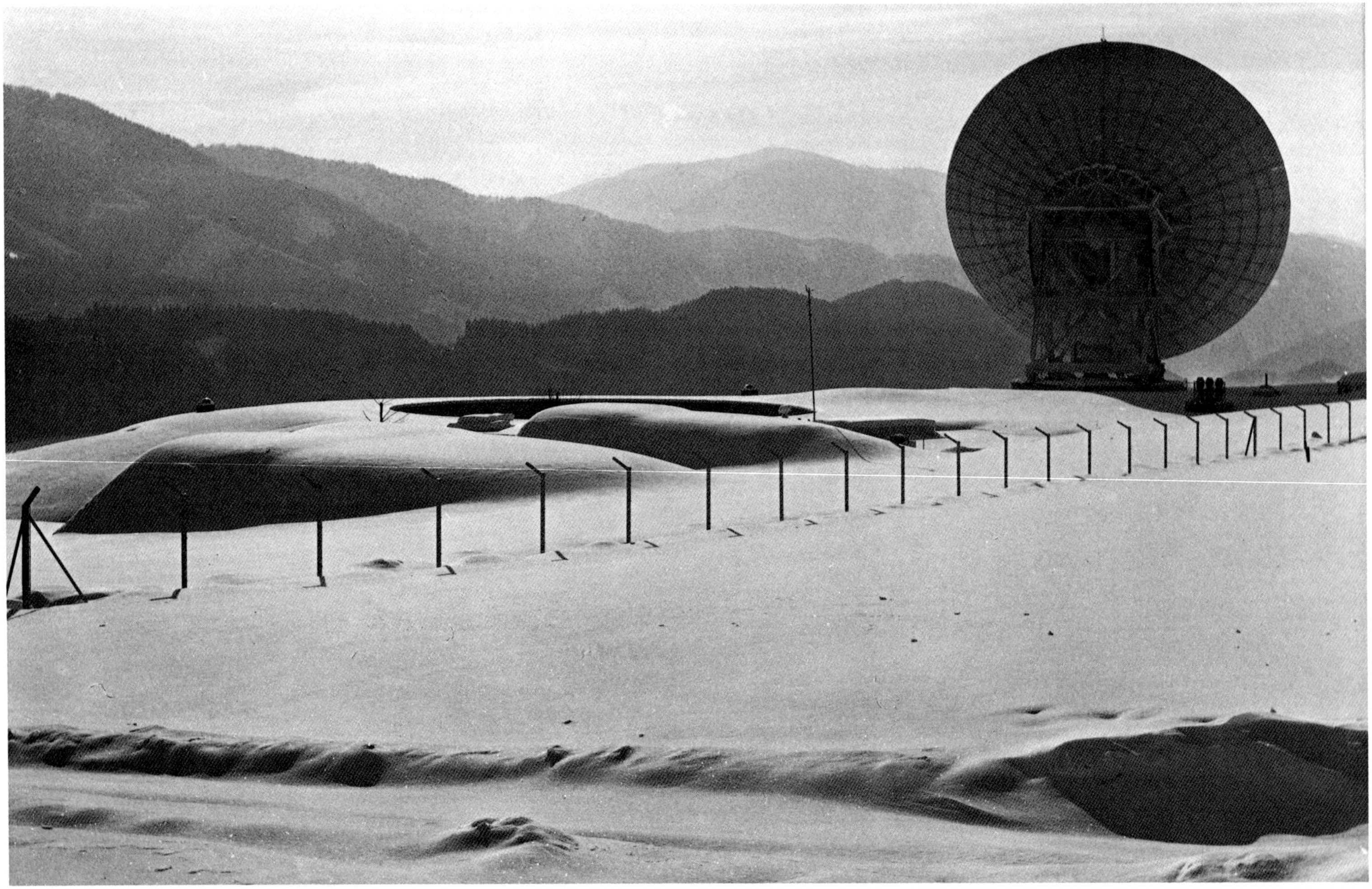

Boceto, el edificio cubierto por la nieve y el patio circular

Sketch, the buildings covered with snow, and the circular courtyard

Páginas siguientes: Alzados y vista del exterior e interior

Following pages: Elevations, and views of the exterior and interior

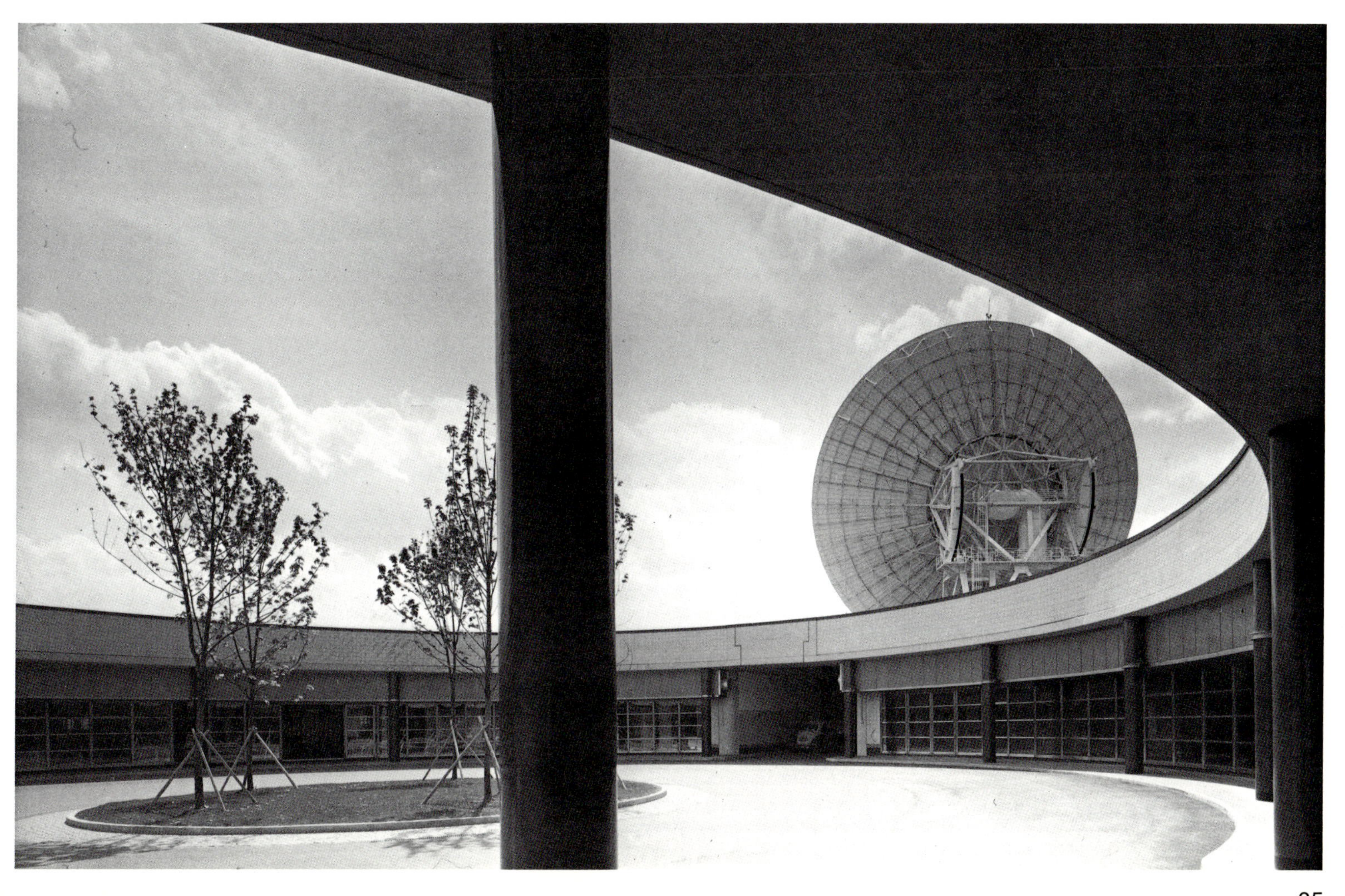

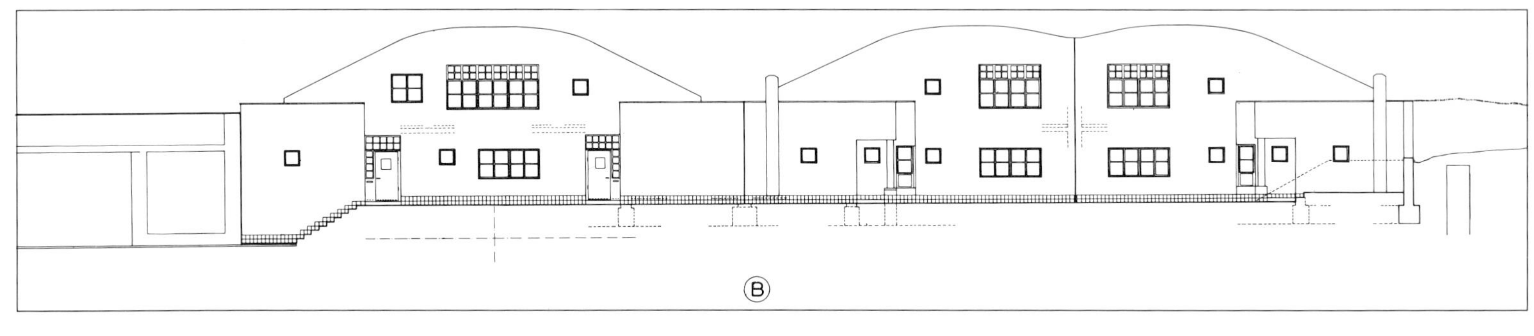

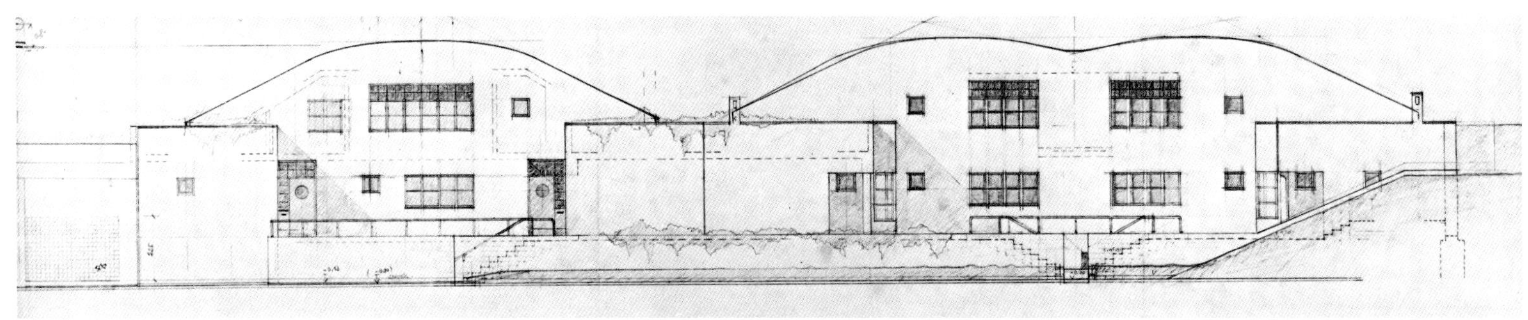

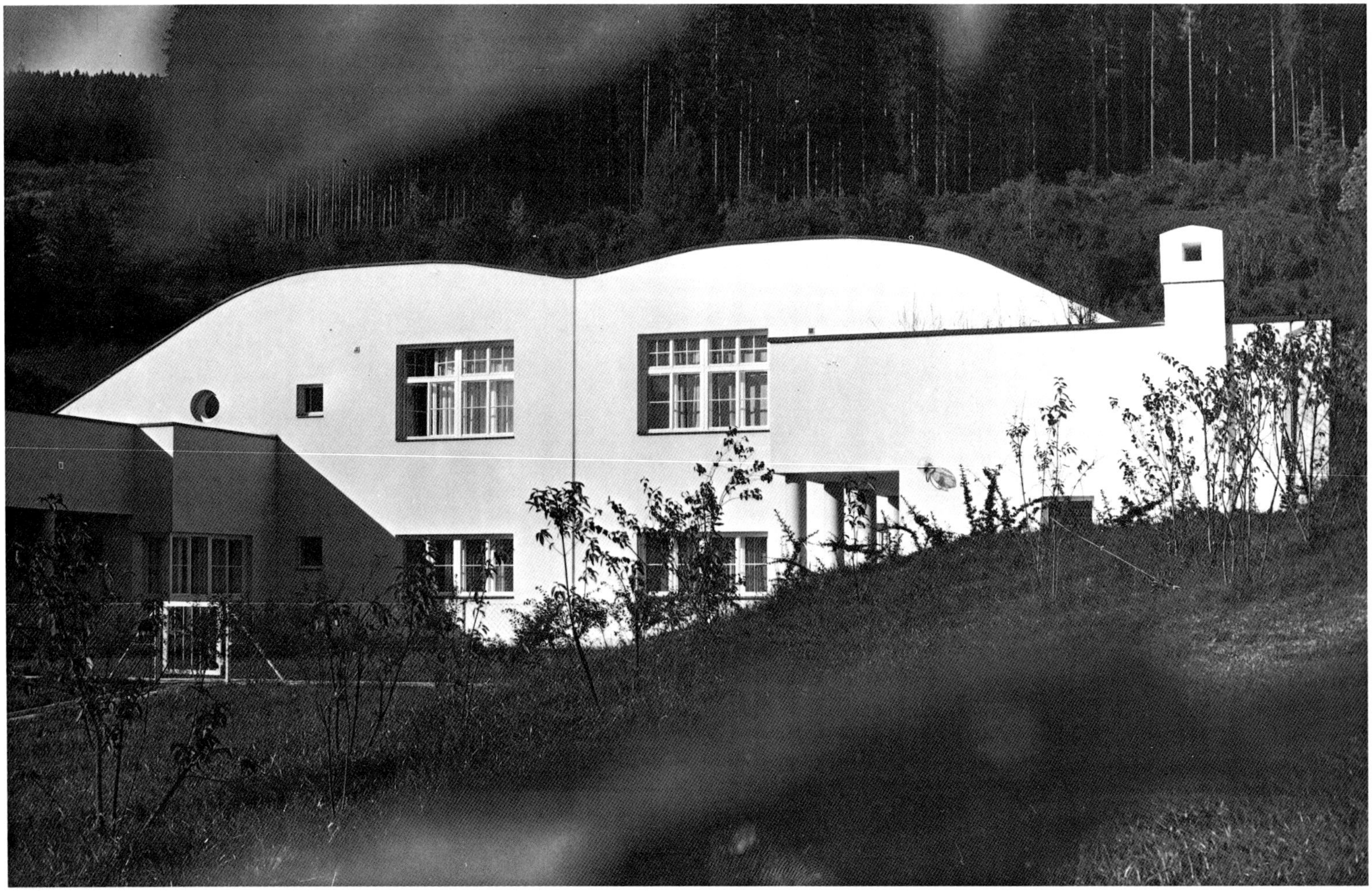

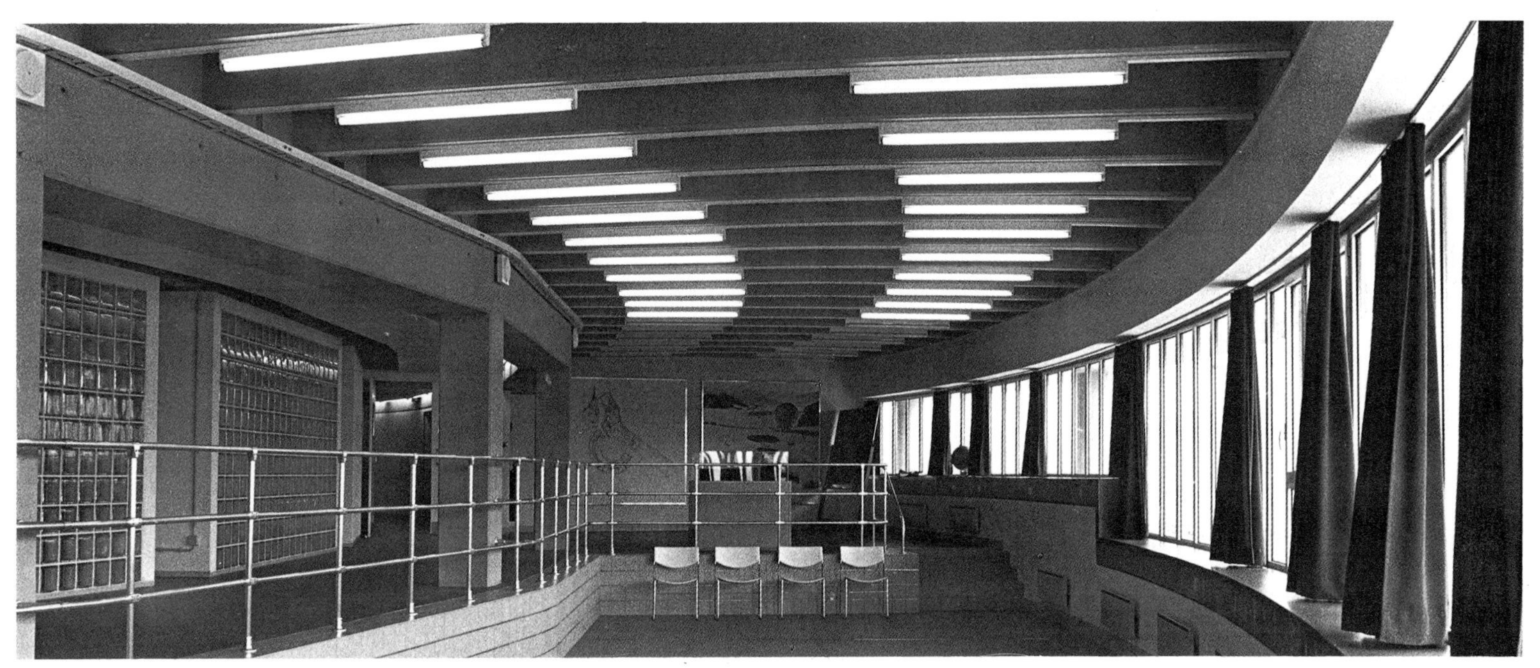

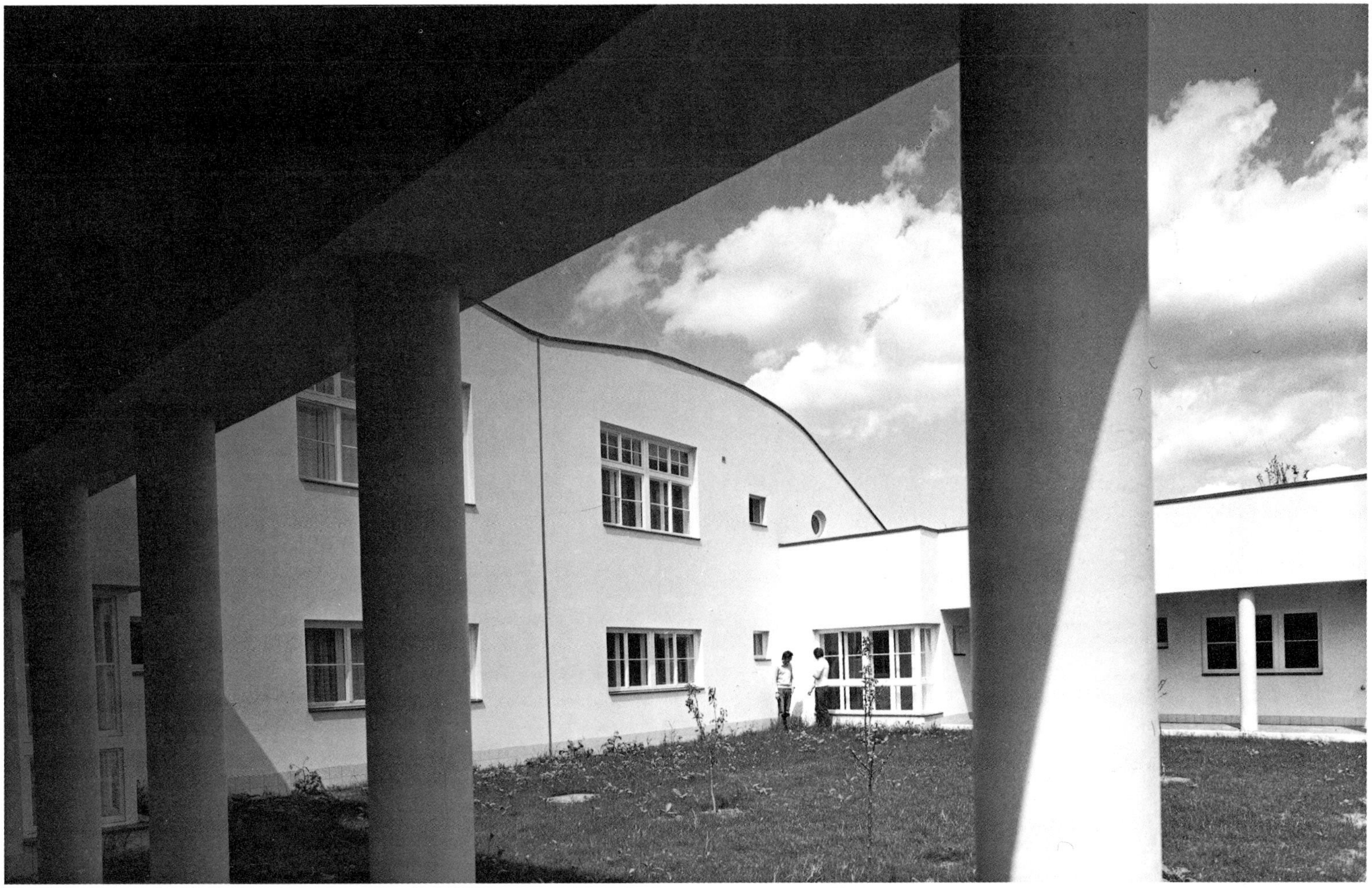

Museo de Arte, Vaduz, Liechtenstein

Art Gallery, Vaduz, Liechtenstein

Como aspectos urbanísticos a tener en cuenta en la redacción de este proyecto, fruto de un concurso, estaban los de máximo respeto al entorno en cuestiones como la altura, respeto a las zonas verdes y a la volumetría general de la zona. Otros factores eran la construcción por etapas y la consideración de la cubierta como quinta fachada.

Los materiales elegidos, en general sobrios, fueron: revestimientos de piedra natural clara y revocos; puertas y ventanas de acero, aluminio y madera. A ser posible, evitar la aberturas excesivas.

La entrada al museo desde la plaza del ayuntamiento, los recorridos peatonales, los espacios divididos pero bien conectados y el acceso directo a las distintas colecciones, con un especial tratamiento de la iluminación fueron datos importantes en la concepción de este museo.

The key urban consideration in the drafting of this project (outcome of a competition) was sensitivity to the surroundings; in height, and with respect to green areas and the general volumetric characteristics of the zone. Other factors were phased construction and the conception of the roof as a fifth facade.

The materials chosen were in general sober: stone and render in the facades; steel, aluminium and timber for the doors and windows. Where possible, excessively large openings were avoided.

The entrance to the gallery from the Town Hall square, the pedestrian routes, the separate but strongly connected spaces and the direct access to the different collections, along with the treatment of the lighting as a special feature, were important elements in the conception of this gallery.

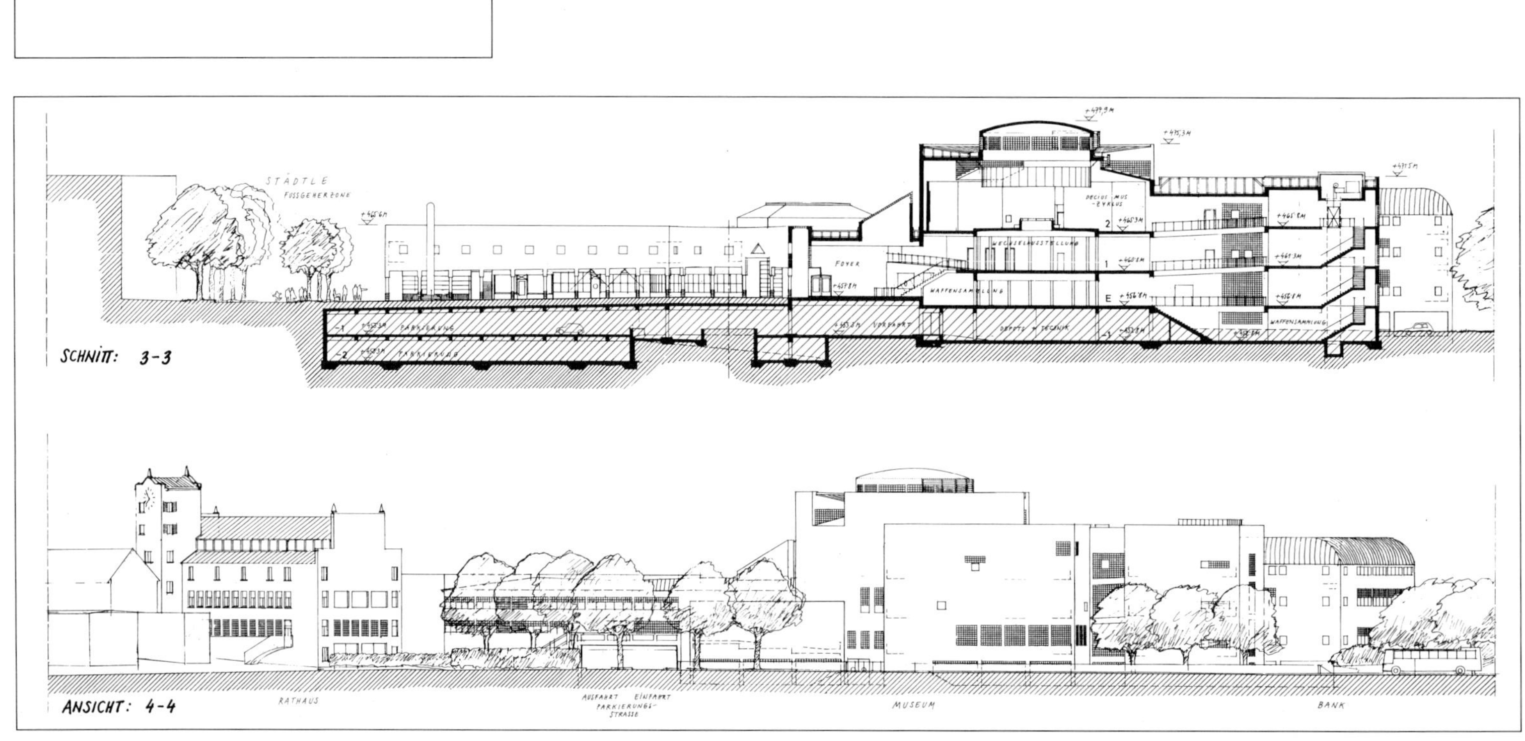

Axonometría volumétrica, alzado, sección, planta y axonometría del edificio con su entorno

Axonometric showing the different volumes, elevations, section, plan and axonometric of the building in its surroundings

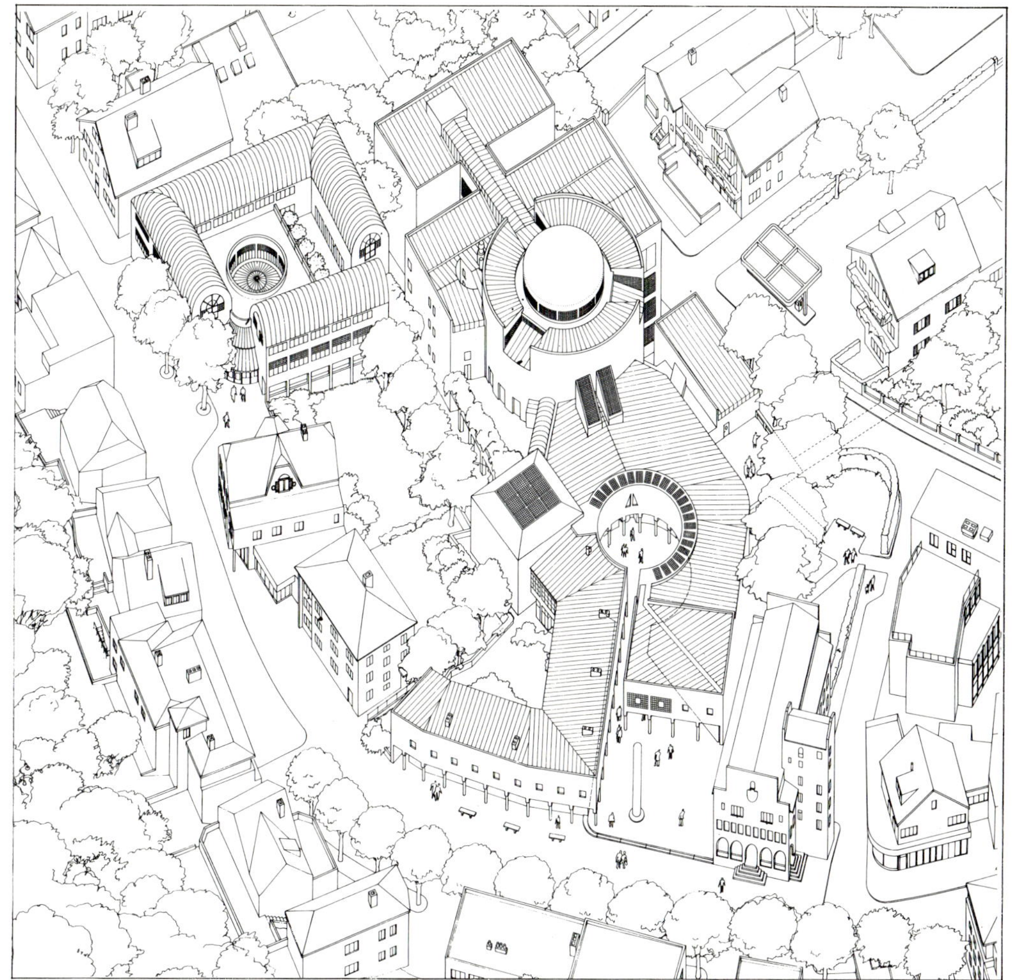

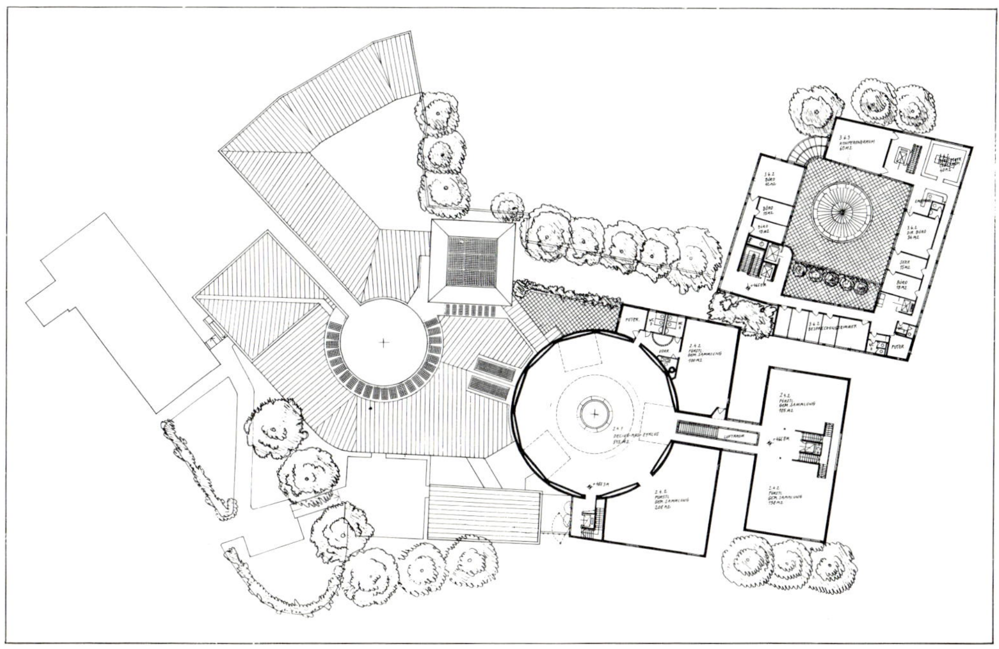

ORF – Expositur en Eisenstadt, Burgenland

Este pabellón anexo a los estudios de la Radio Televisión Austríaca (ORTF) en Eisenstadt, realiza las funciones de un pequeño estudio auxiliar. En él encontramos en la planta de acceso, previo a una zona de aparcamiento y una pasarela cubierta, unas dependencias dedicadas a un estudio radiofónico con un despacho adjunto, una escalera que comunica con la planta sótano, elemento cilíndrico adjunto al acceso, que realiza una función compositiva importante, y unas oficinas con un pequeño almacén y unos servicios.

La planta sótano con un acceso rodado independiente alberga una área técnica. El cerramiento del pabellón está resuelto con unos paneles de aluminio.

ORF – Expositur in Eisenstadt, Burgenland

This pavilion, an annexe to the Austrian Broadcasting studio (ORTF) in Eisenstadt, serves as a small auxiliary studio. On the entrance level, beyond a parking area and a covered walkway, there is accomodation for a studio with adjoining office, a stair down to the basement, a cylindrical form at the side of the entrance which is compositionally very important, and offices with a storeroom and toilets.

The basament, with its own service access, houses a technical area. The pavilion is clad with aluminium panels.

El acceso, el interior de la escalera y axonometría

The access, interior of the stair and axonometric

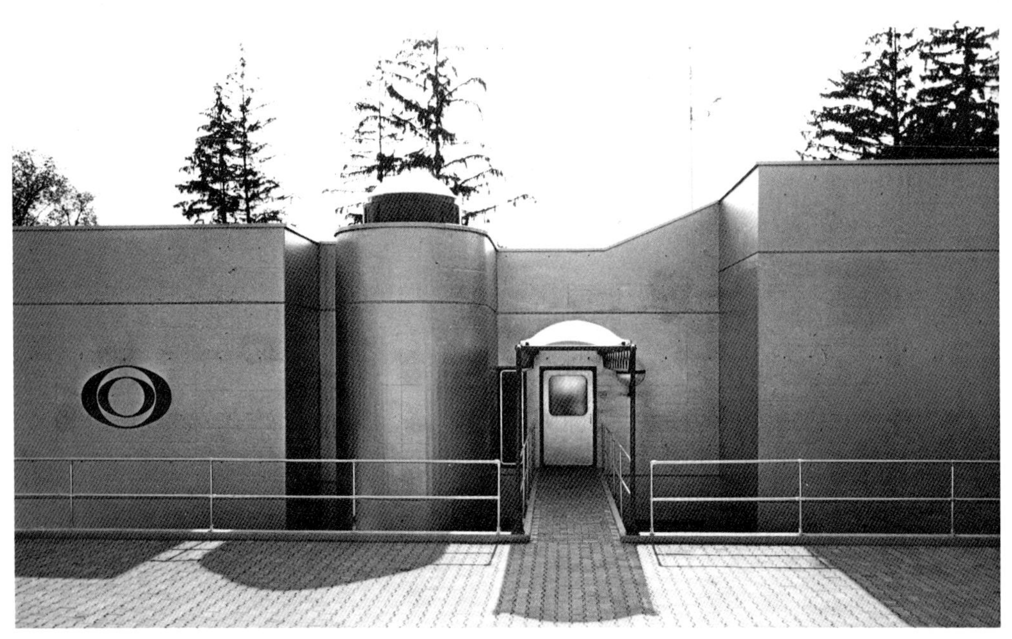

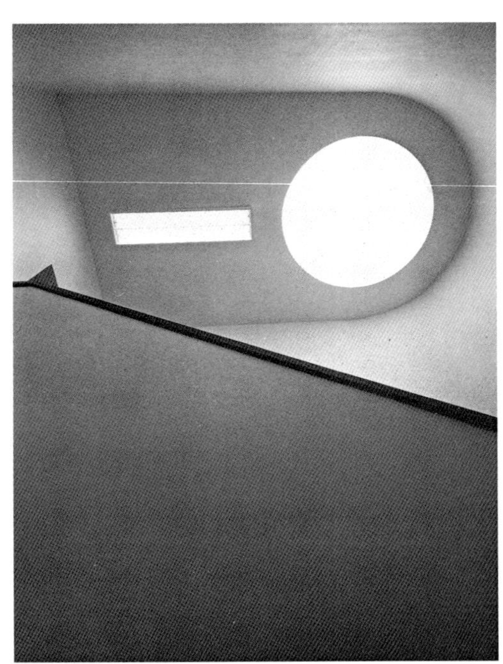

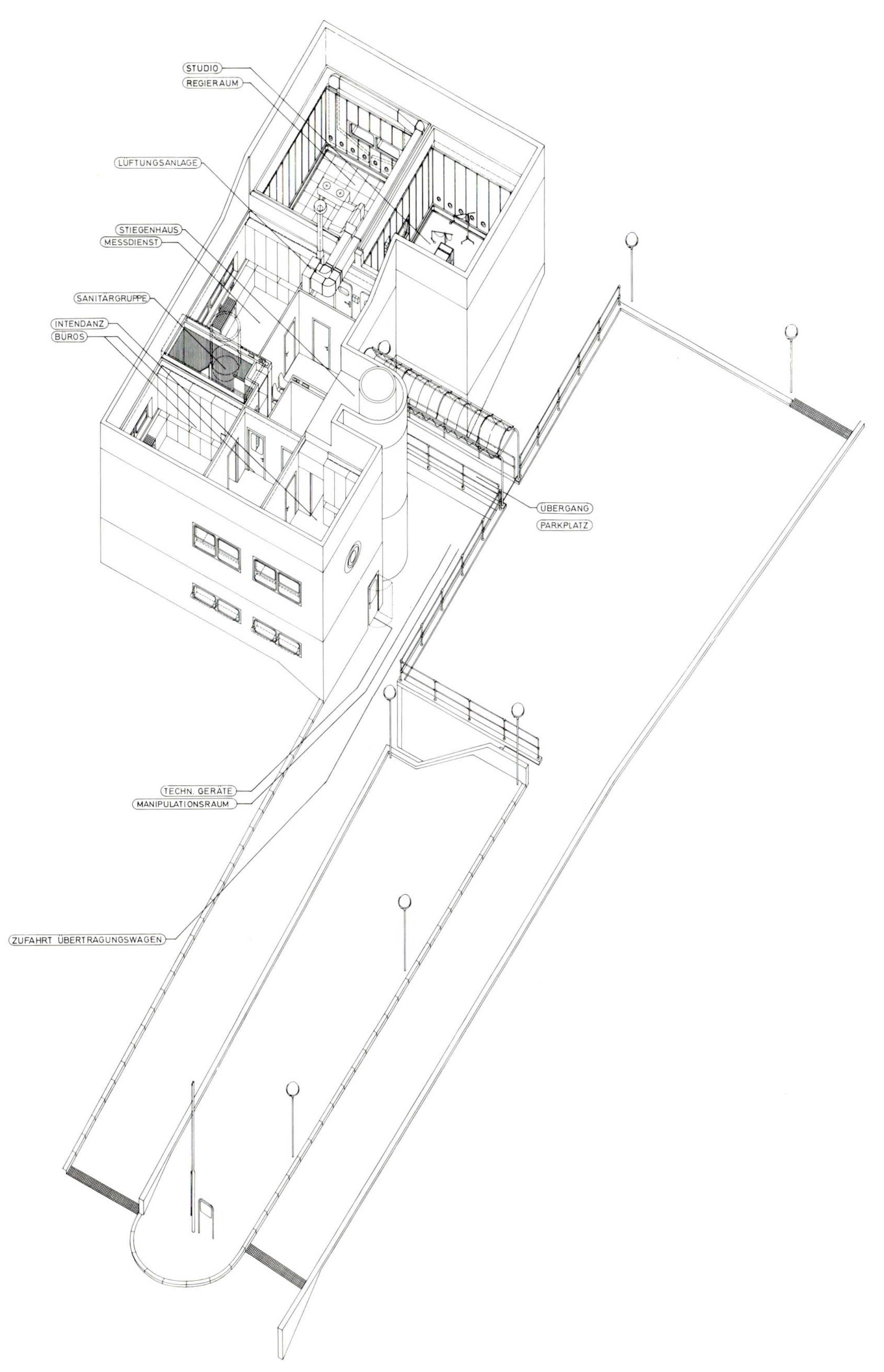

STUDIO
REGIERAUM
LÜFTUNGSANLAGE
STIEGENHAUS
MESSDIENST
SANITÄRGRUPPE
INTENDANZ
BÜROS
ÜBERGANG
PARKPLATZ
TECHN. GERÄTE
MANIPULATIONSRAUM
ZUFAHRT ÜBERTRAGUNGSWAGEN

Estudios para la Radio Televisión Austríaca (ORTF) en Eisenstadt, Burgenland

Studios for Austrian Broadcasting (ORTF) at Eisenstadt, Burgenland

El proyecto se basa en un sistema de planificación muy elástica, que tiene en cuenta tanto la técnica como la estética. Este sistema flexible consolida el carácter arquitectónico de tal manera que la visión del conjunto permanece invariable, aun cuando se añade o se reforma algo del edificio. Esta elasticidad permite, en todos los estudios de la ORF, la anexión de las instalaciones para la televisión local, sin romper la configuración arquitectónica.

El estudio de la región de Burgenland, en Eisenstadt es el sexto edificio, después de Dornbirn, Graz, Innsbruck, Linz y Salzburgo, que se construyó en base al mismo concepto. La planta presenta un gran espacio central con vestíbulo, alrededor del cual se desarrollan los cinco sectores de la producción: televisión, radio, público, control y la sección destinada a las oficinas de dirección, departamento técnico, administración de los programas, redacción y servicios para el personal, etc. En las cuatro primeras edificaciones, las instalaciones para televisión se realizaron siete años más tarde, en cambio, en Eisenstadt y en Graz, se construyeron simultáneamente.

The project is designed with a high degree of flexibility in its planning, both technically and aesthetically. This flexibility reinforces the architectural concept in such a way that the character remains unchanged, even when the building is added to or reformed. Its flexibility also allows the introduction of television installations in all the Weststrecke studios, without breaking the architectural configuration.

This studio in Eisenstadt, in the region of Burgenland, is constructed according to the same principles as its five predecessors (in Dornbirn, Innsbruck, Salzburg, Linz and Graz). The ground floor offers a large central space and vestibule, with the five production sectors deployed around it: television, radio, public, control and the section set aside for management, programme administration, editing, the technical department and staff facilities. In the first four buildings, installations for television were added seven years later, while in Graz and Eisenstadt the installations were constructed simultaneously.

Alzado seccionado

Sectional elevation

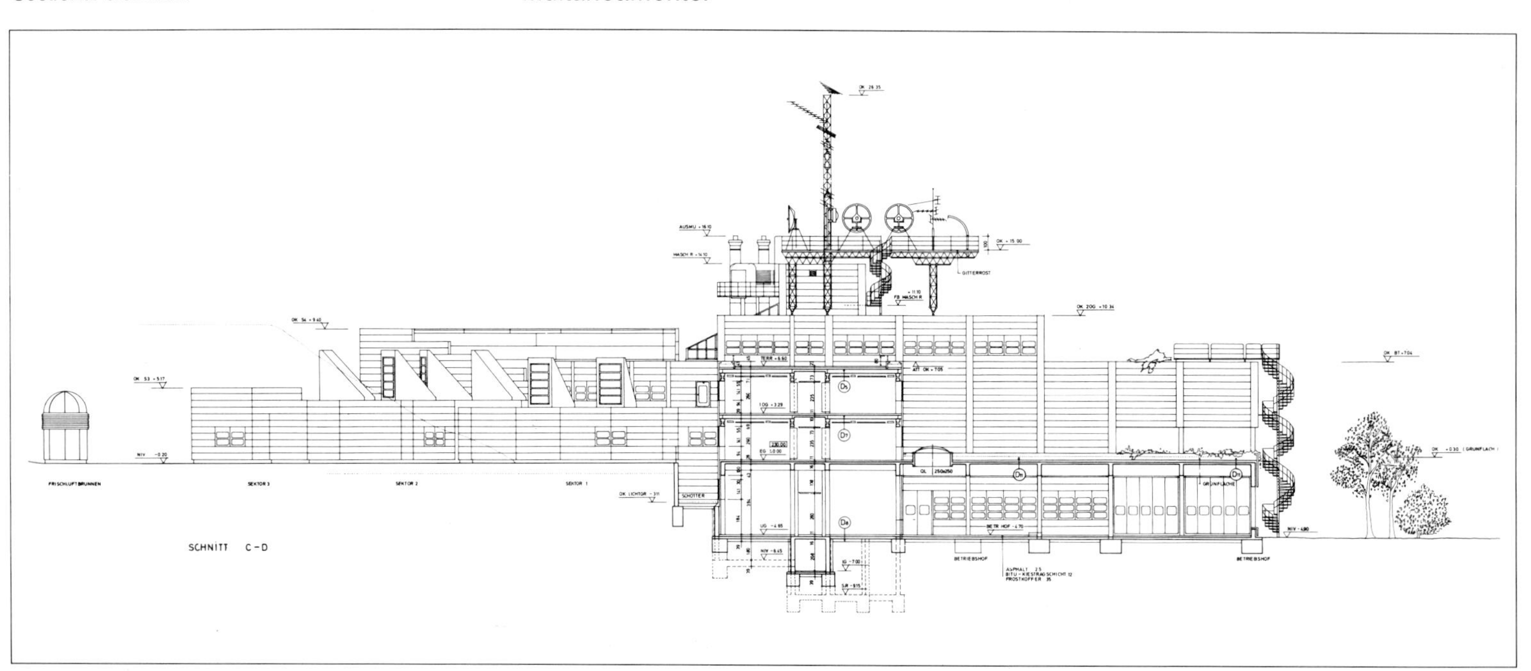

Vista aérea

Aerial view

Páginas siguientes: El edificio y su entorno y planta de un sector

Following pages: The building and its surroundings, and plan of one sector

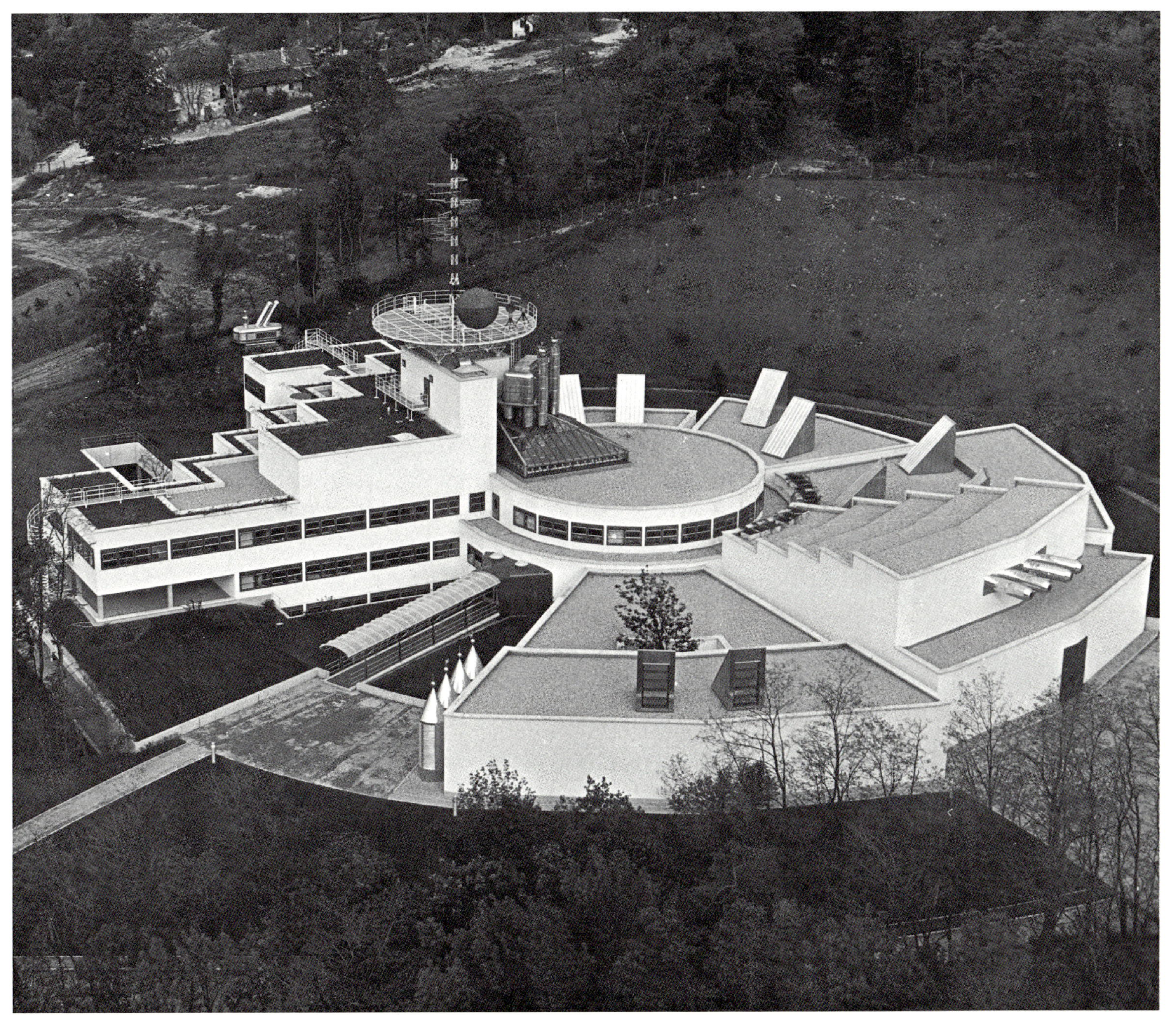

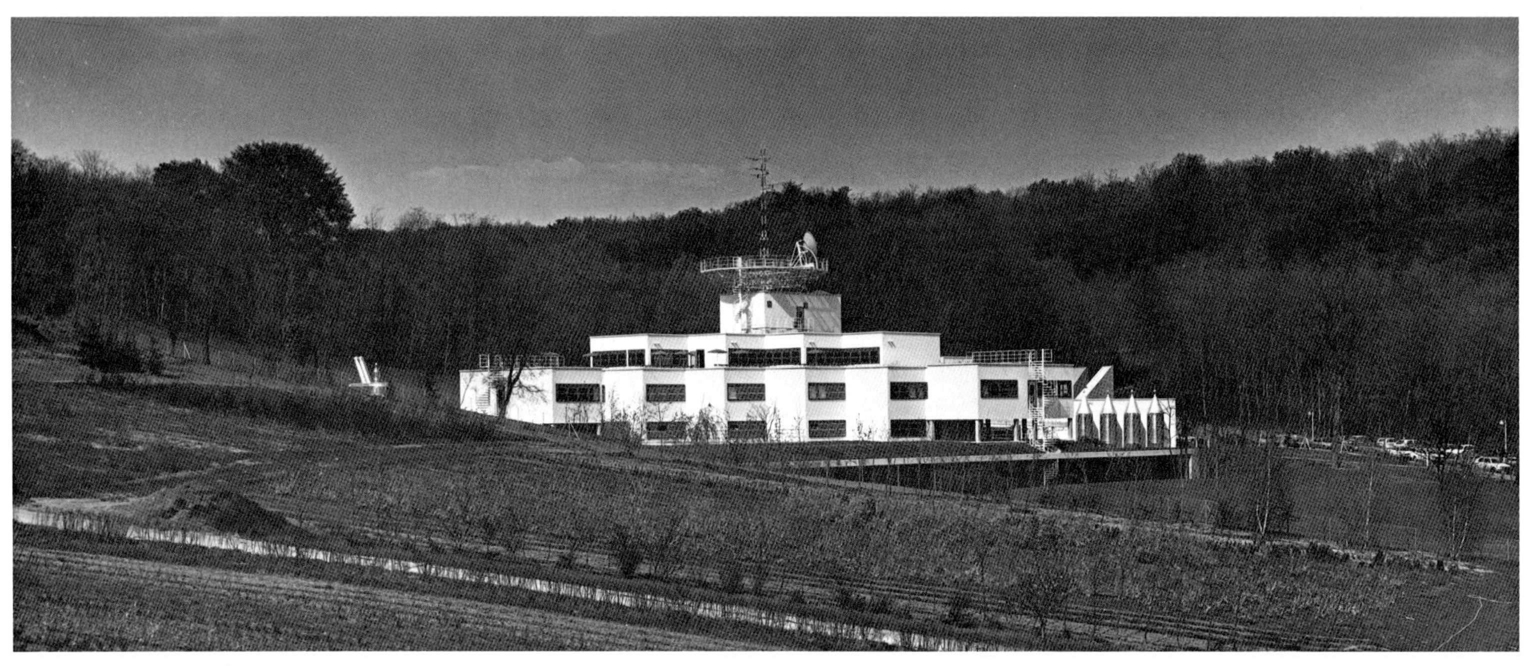

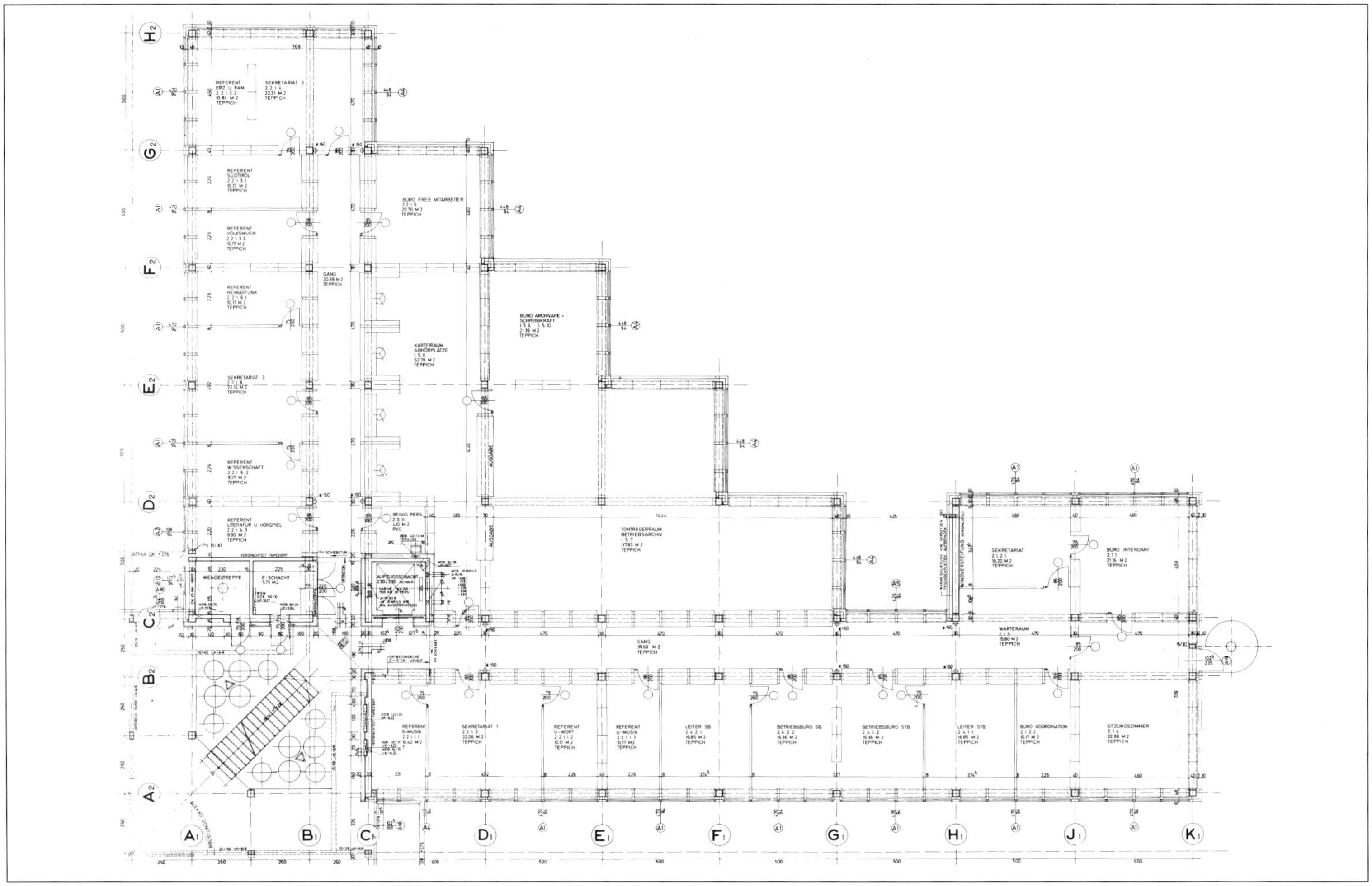

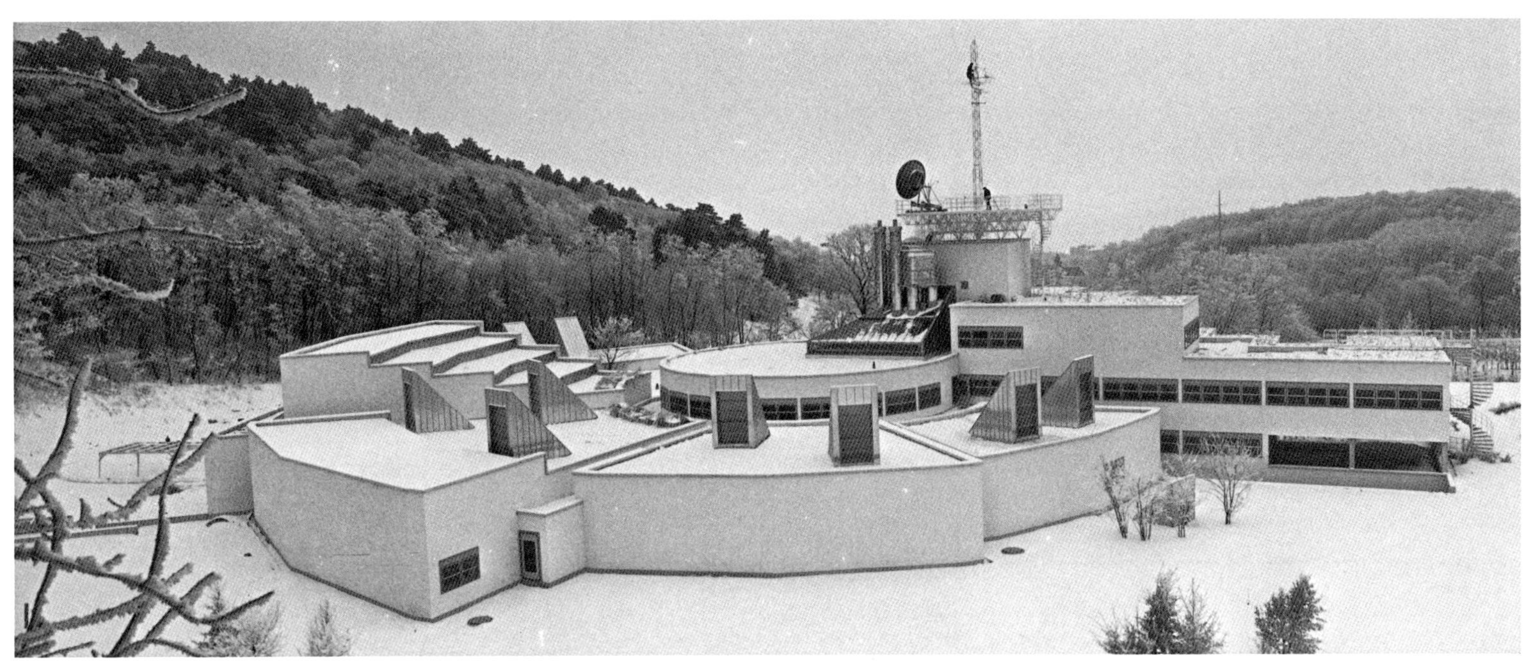

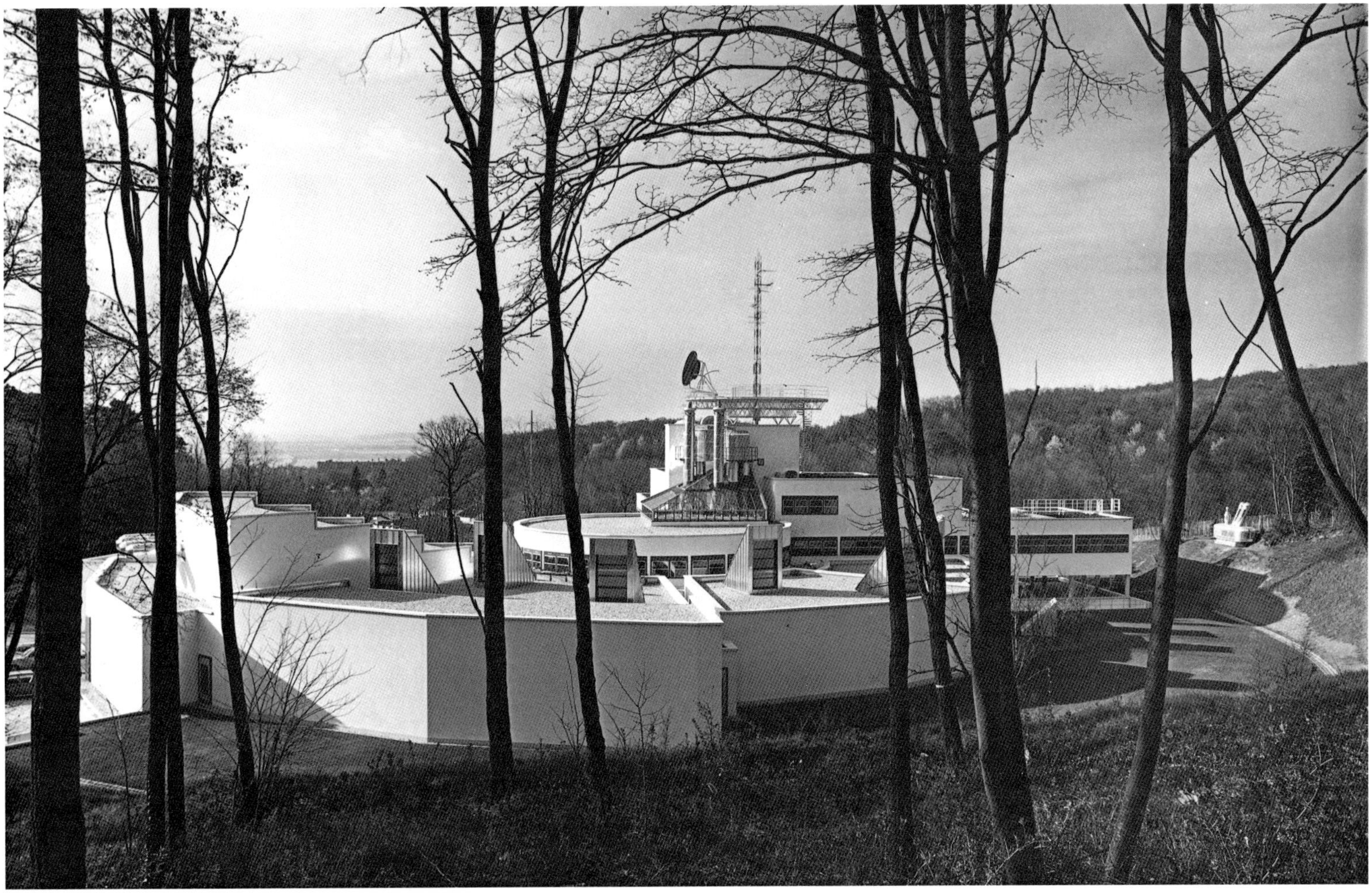

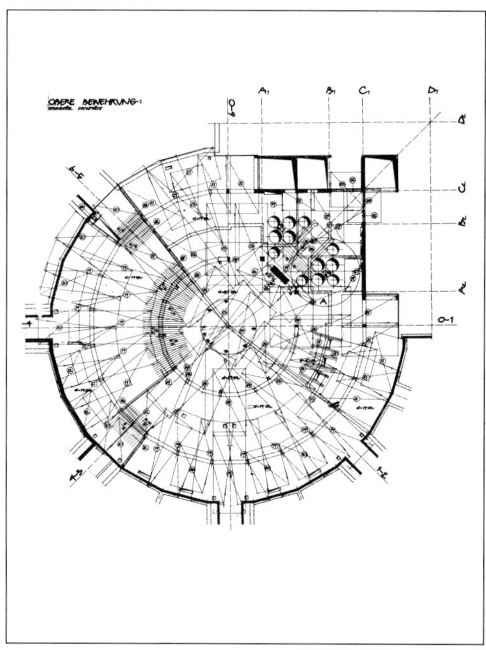

Planta y visión del vestíbulo circular y detalle de
las chimeneas de ventilación

*Plan and view of the circular vestibule and detail of
the ventilation ducts*

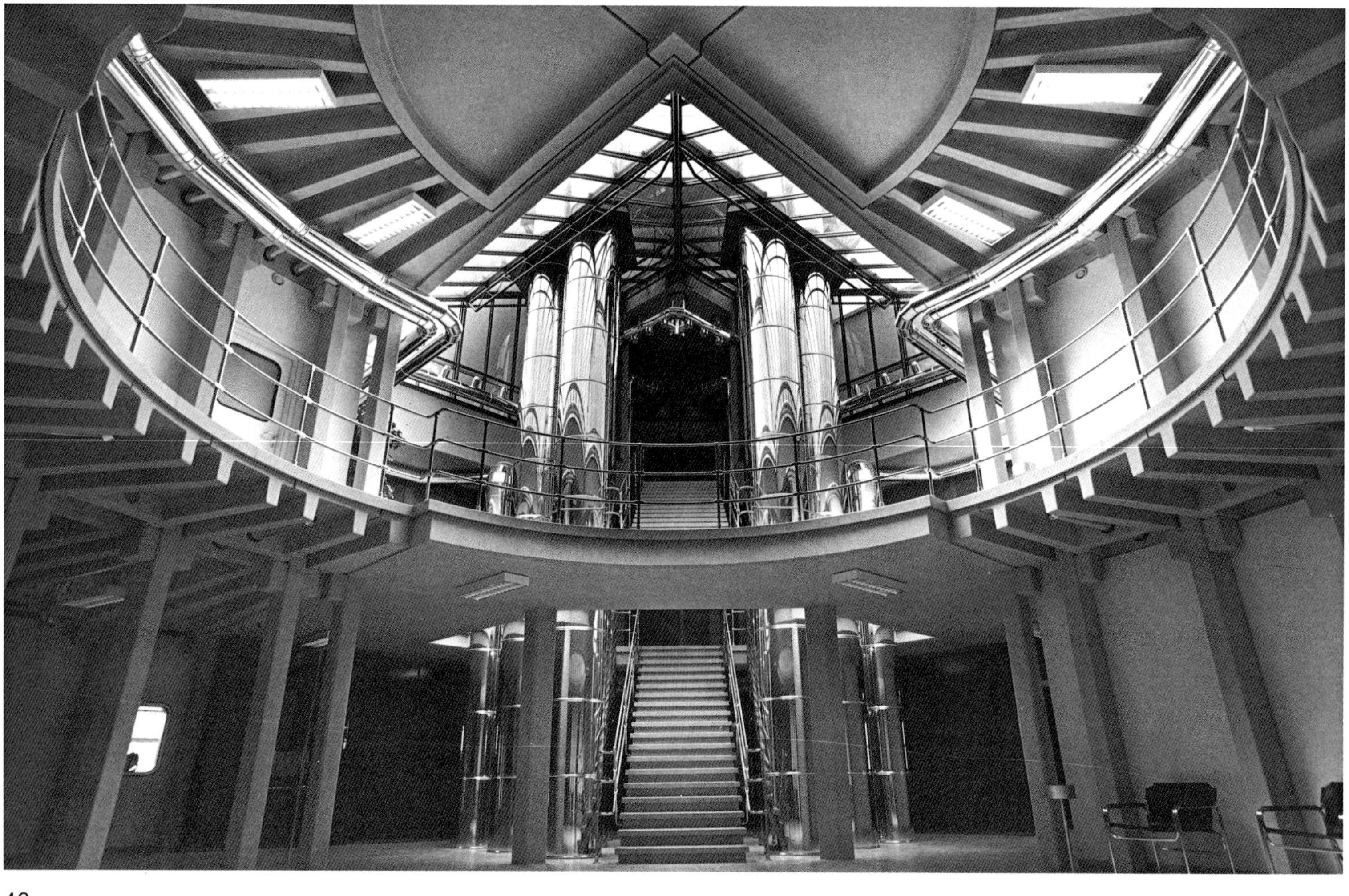

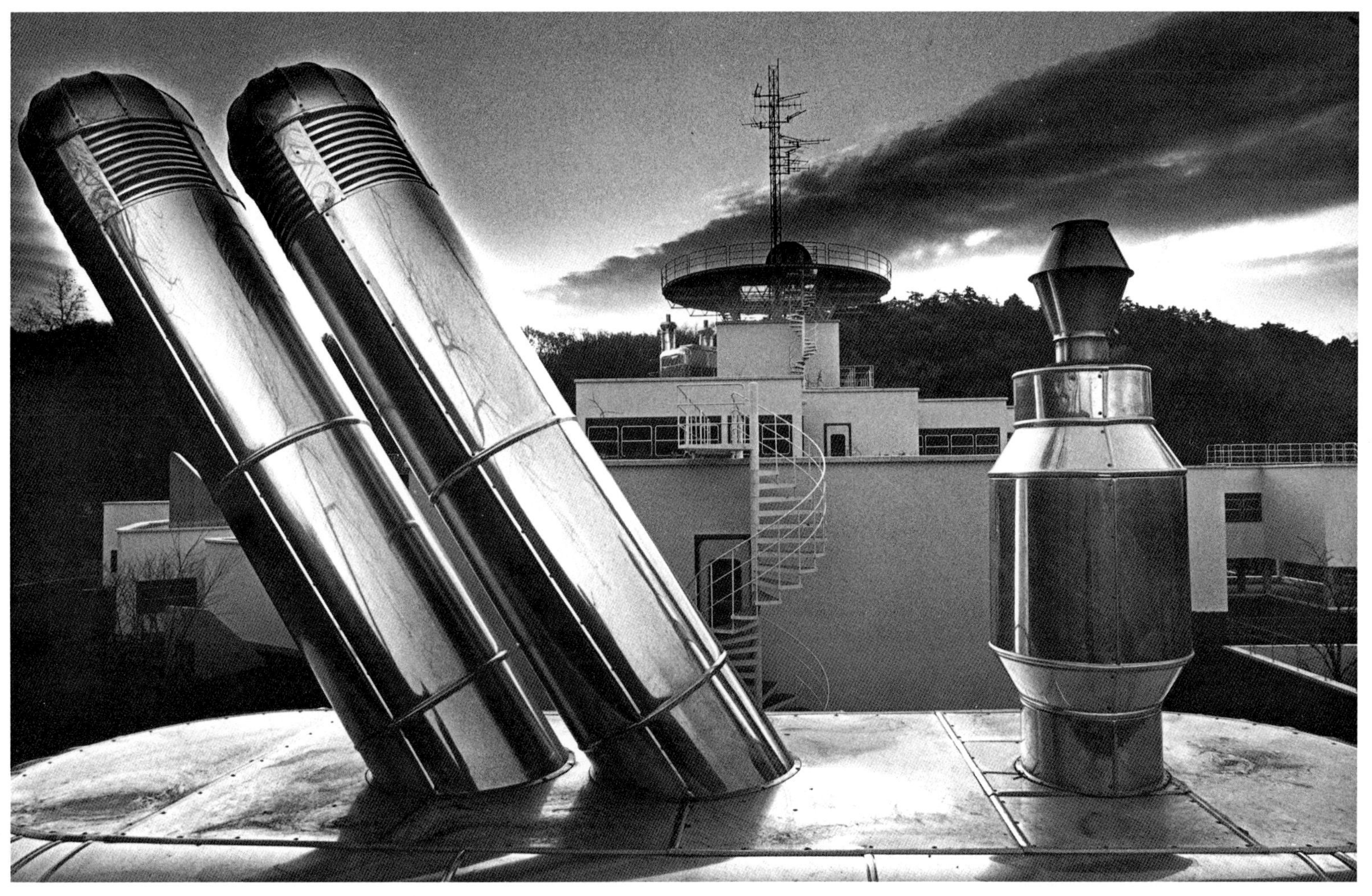

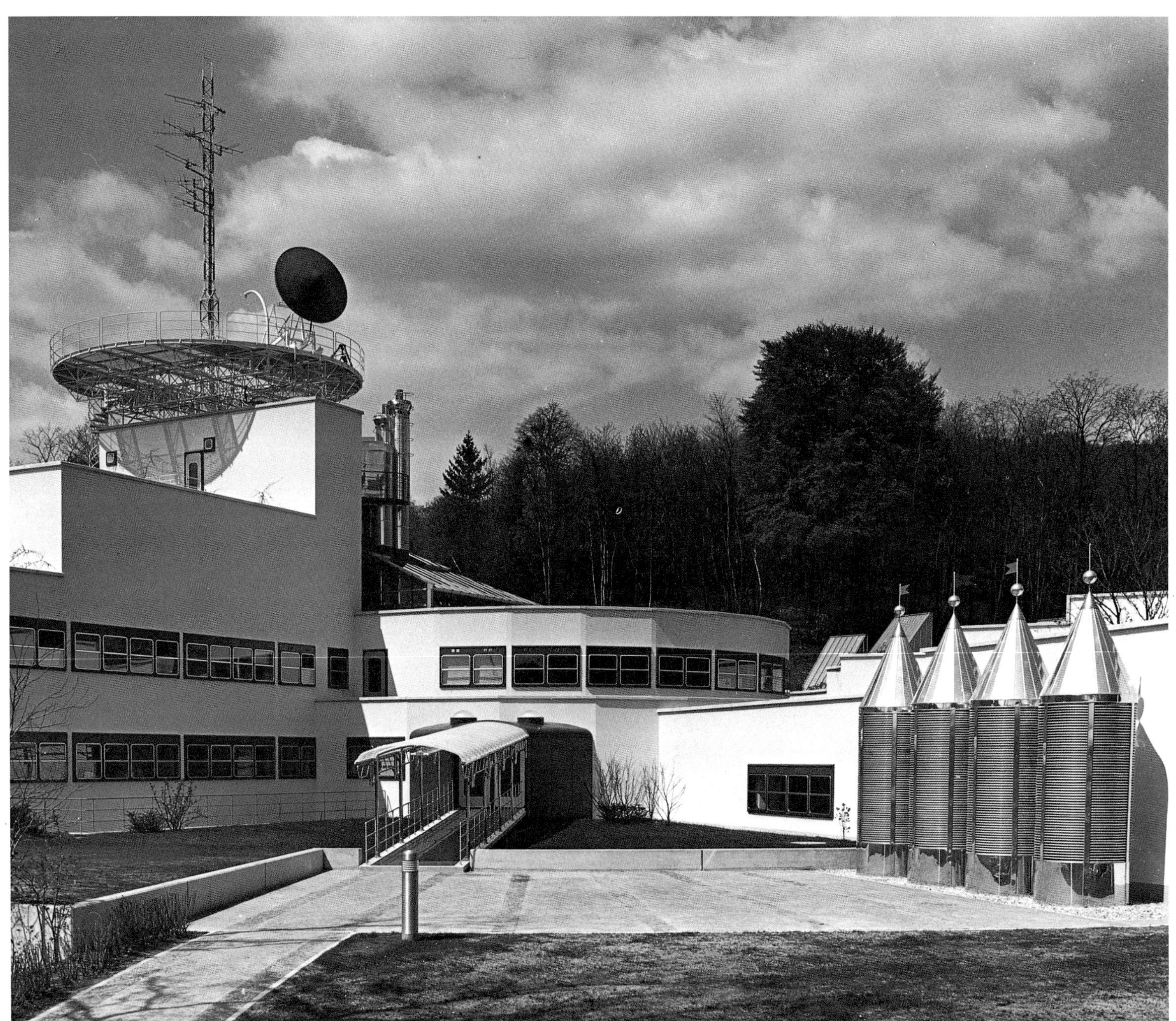

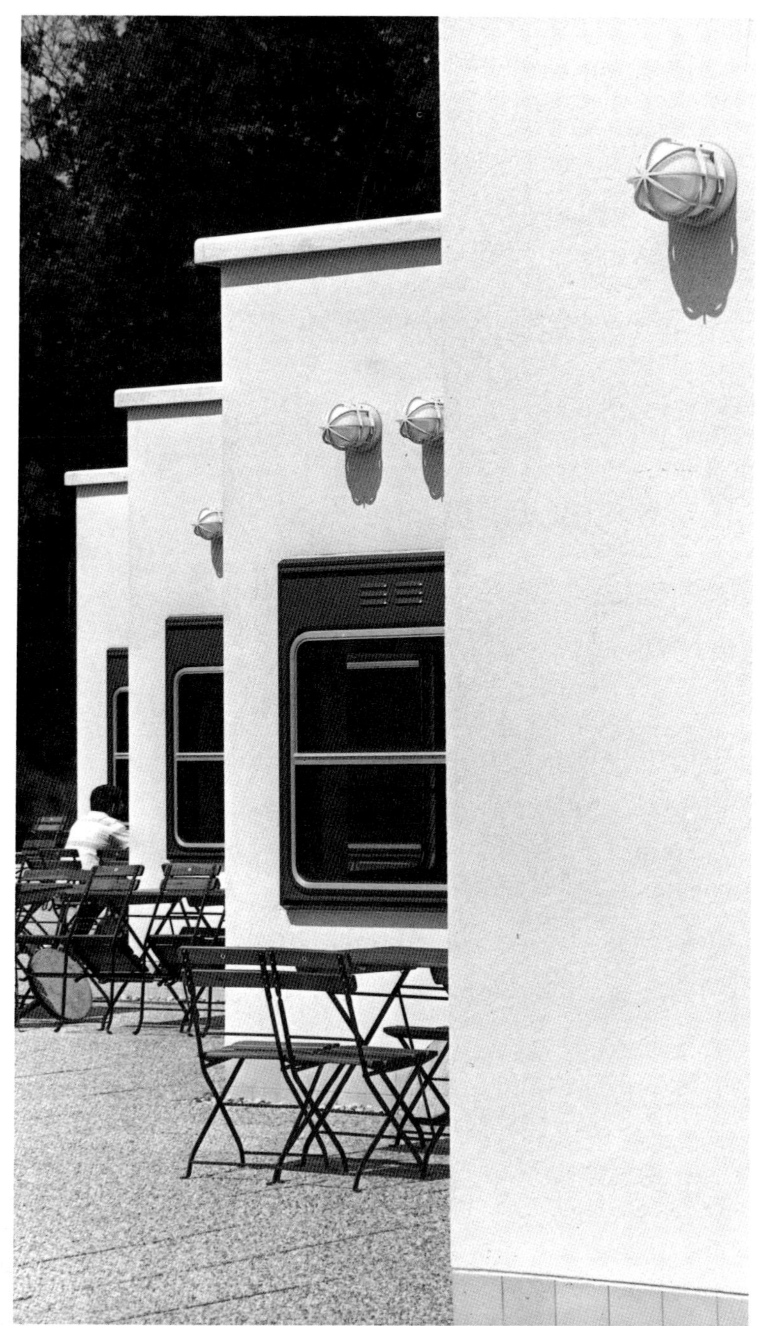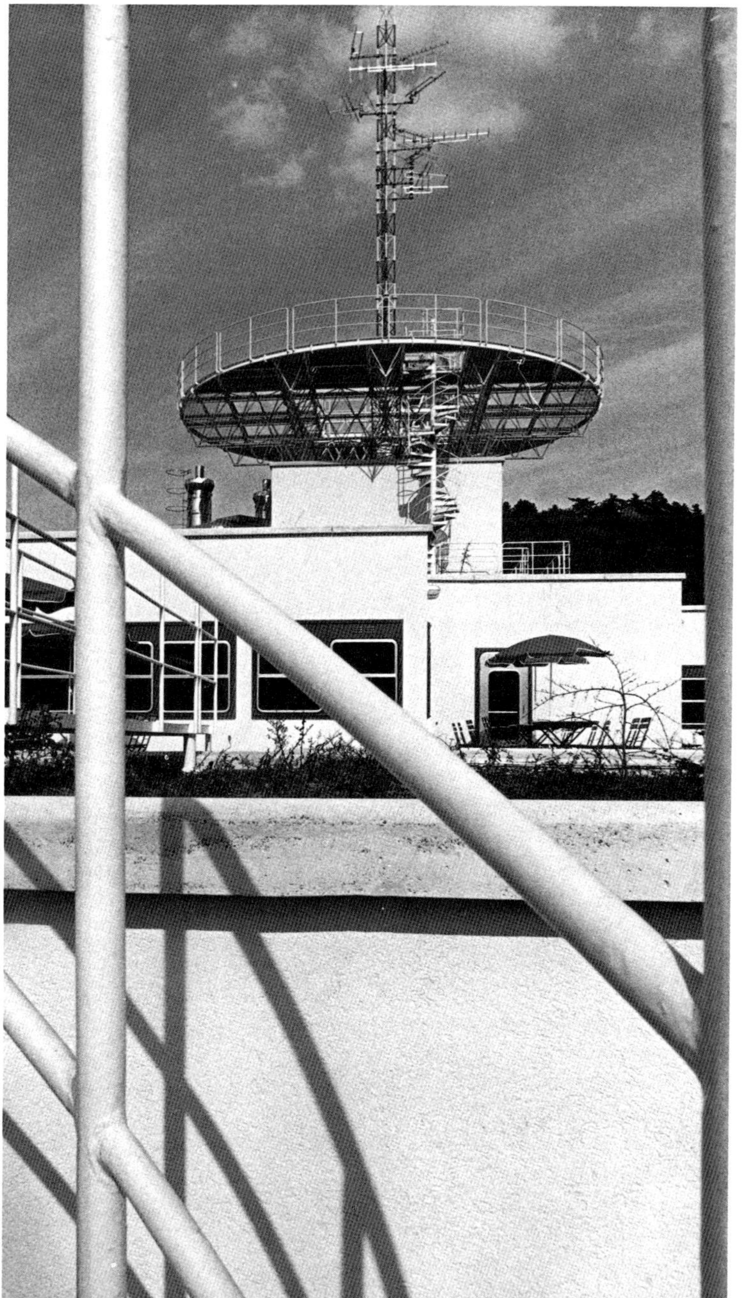

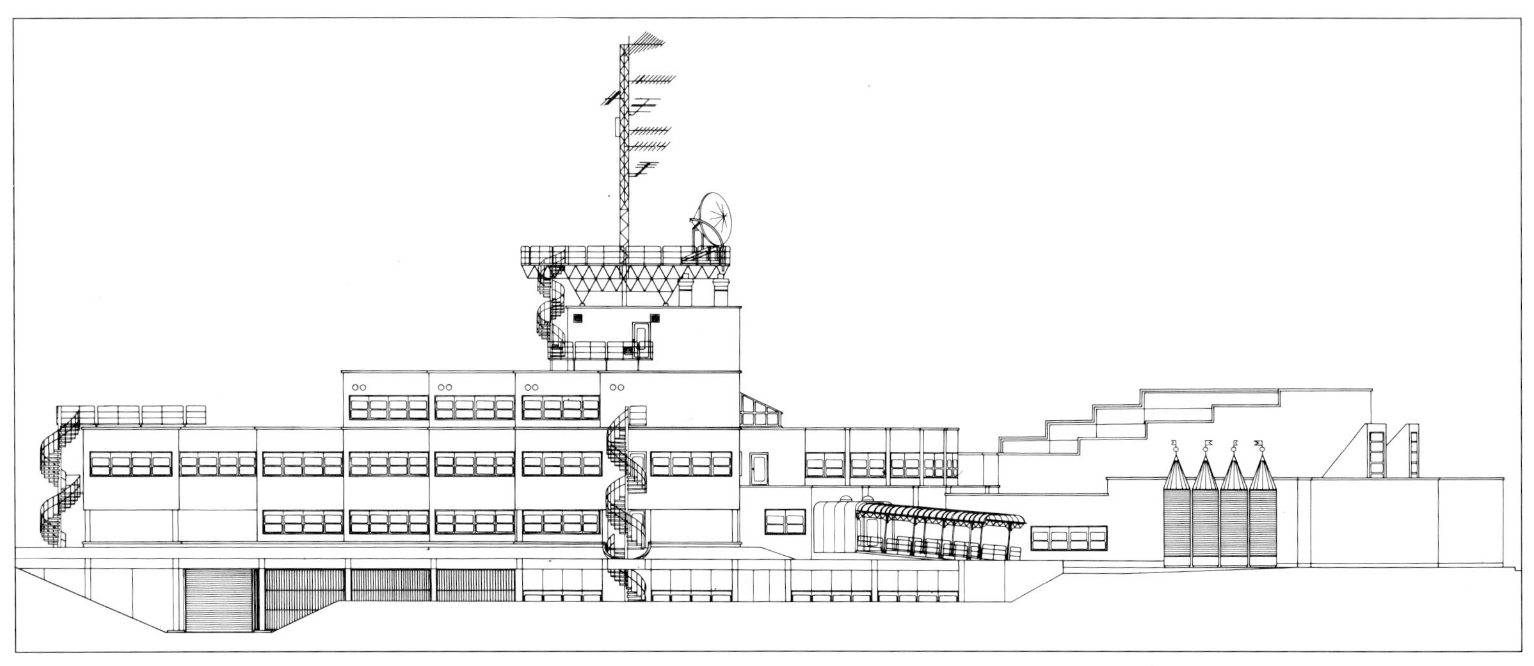

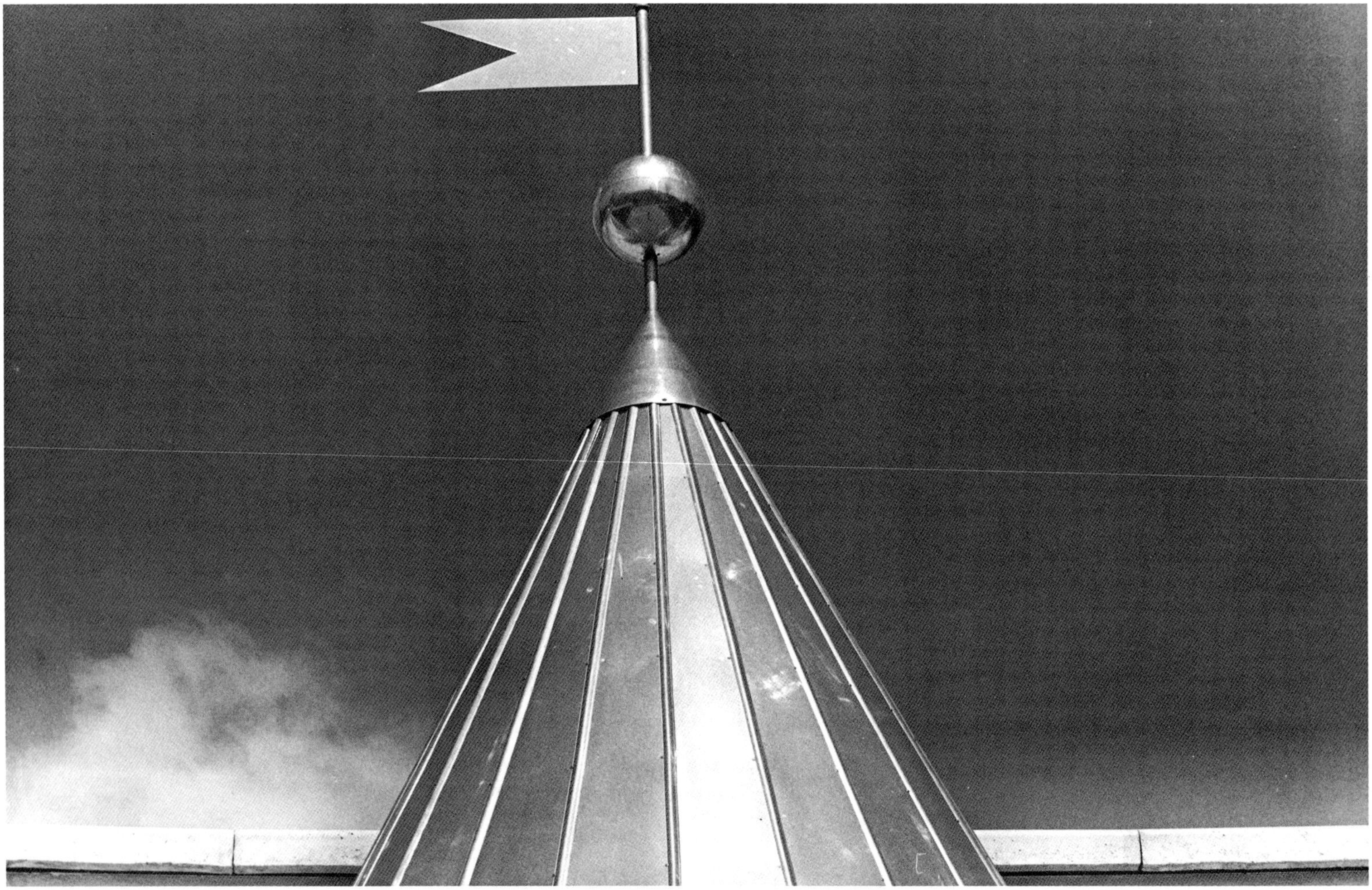

Alzado, detalle de una chimenea de ventilación e interior del vestíbulo circular

Elevation, detail of a ventilation duct and interior of the circular vestibule

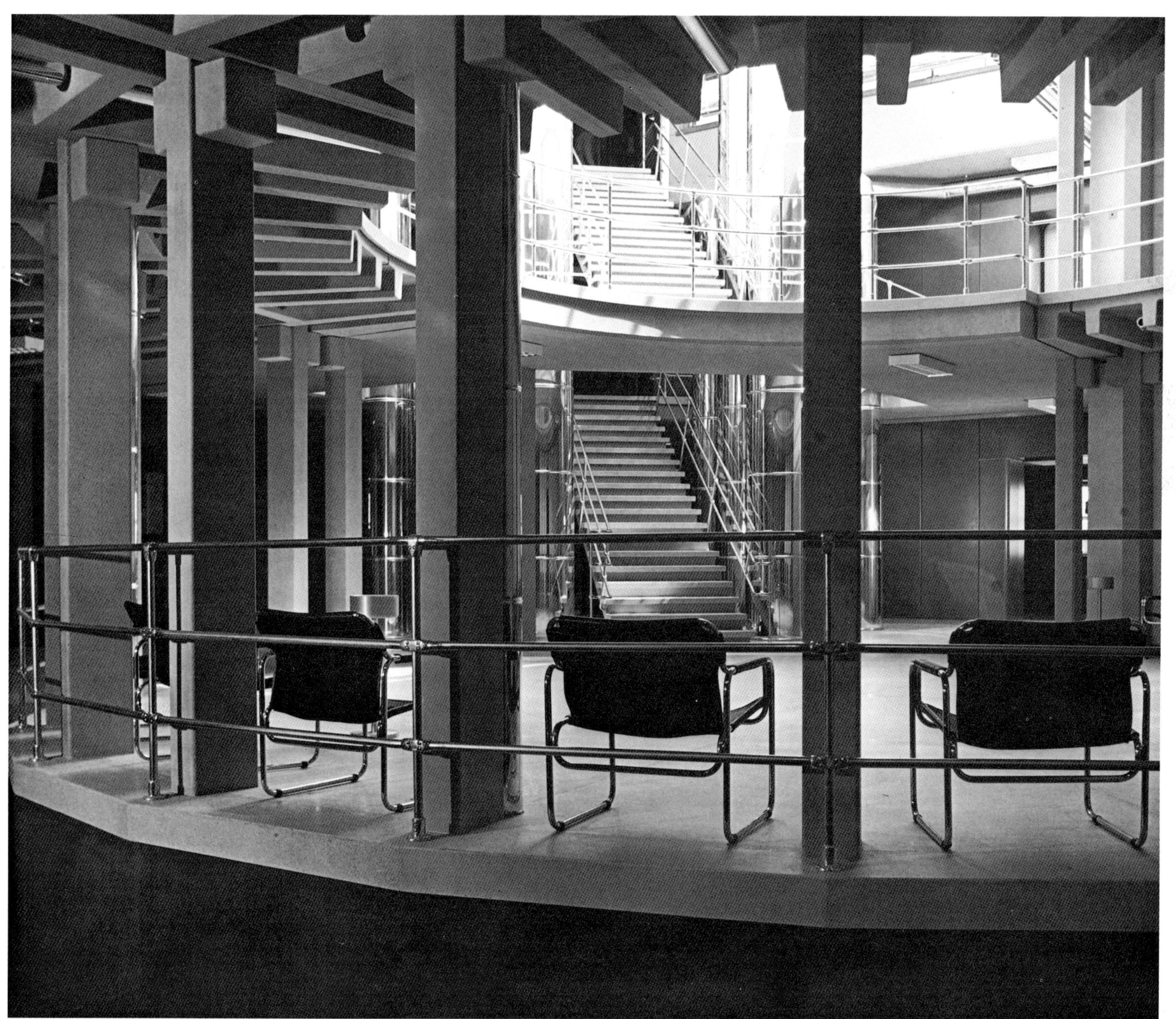

Interior del auditorio, oficinas y escalera que des-
ciende al vestíbulo circular

*Interior of the auditorium, offices and stair leading to
the circular vestibule*

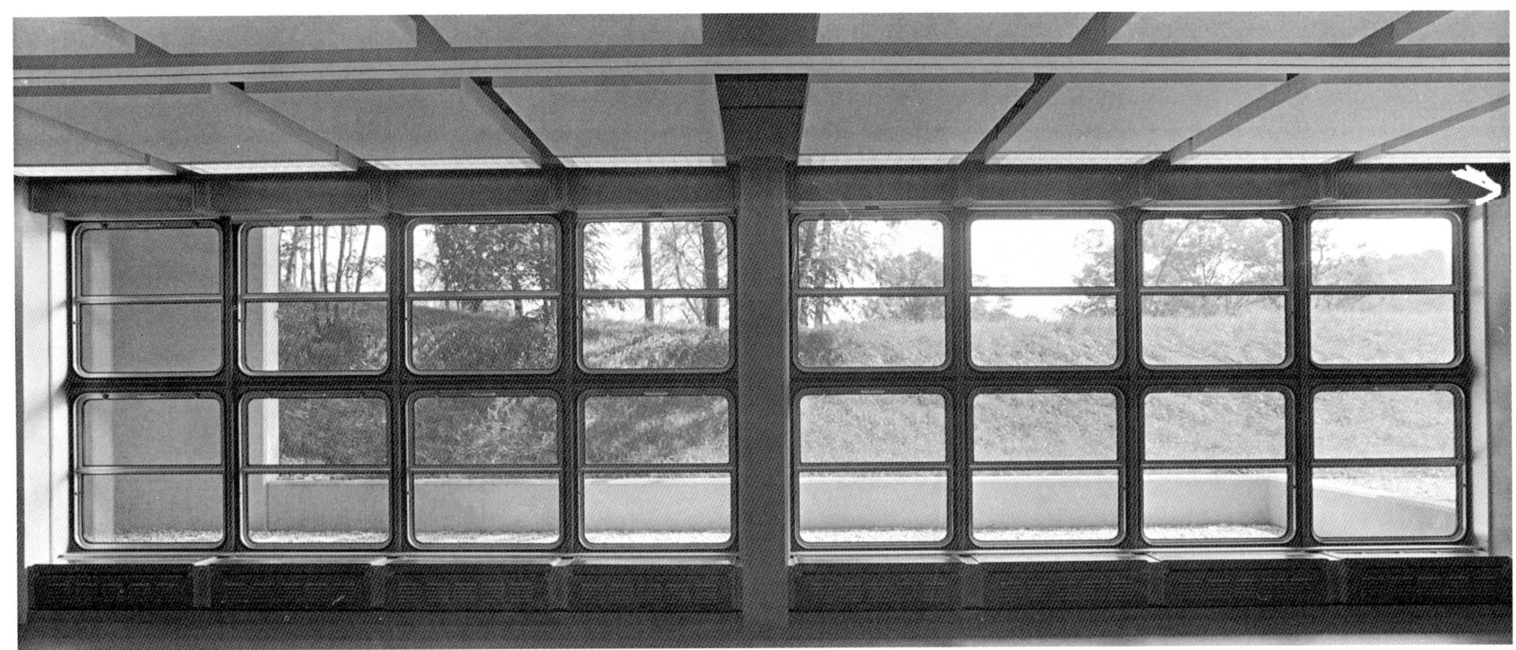

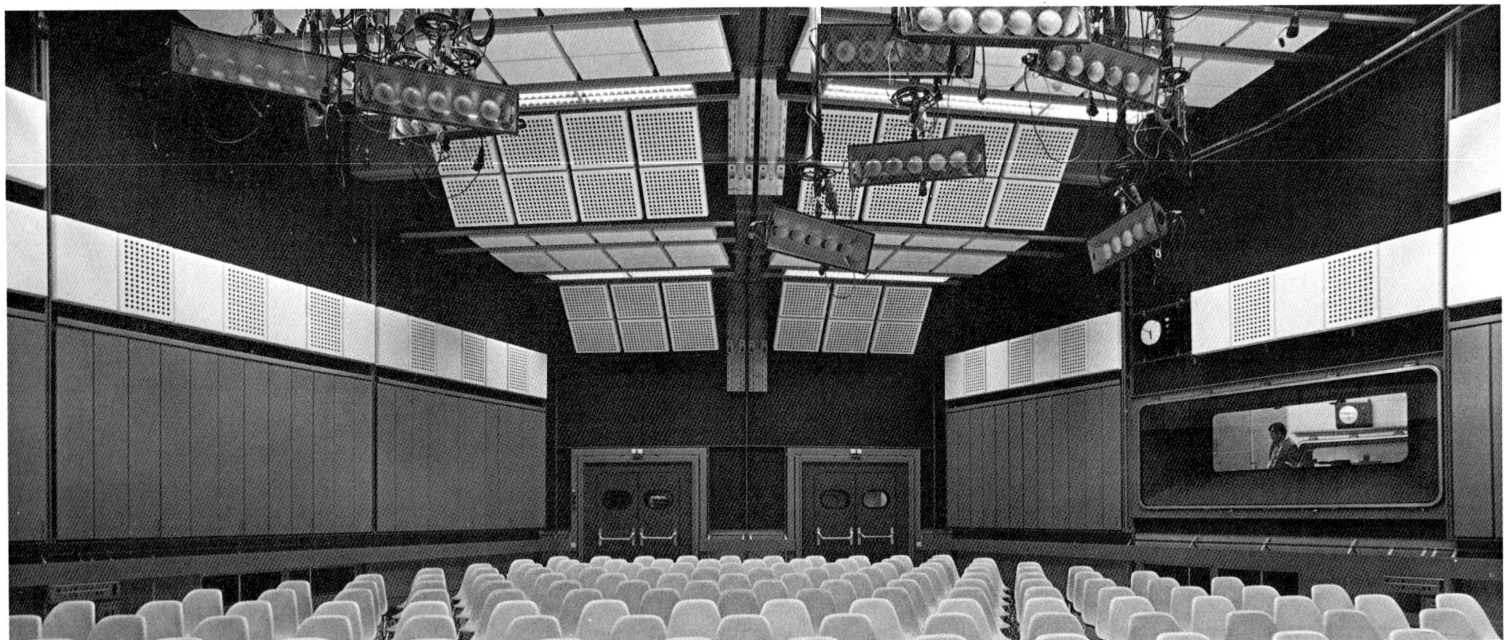

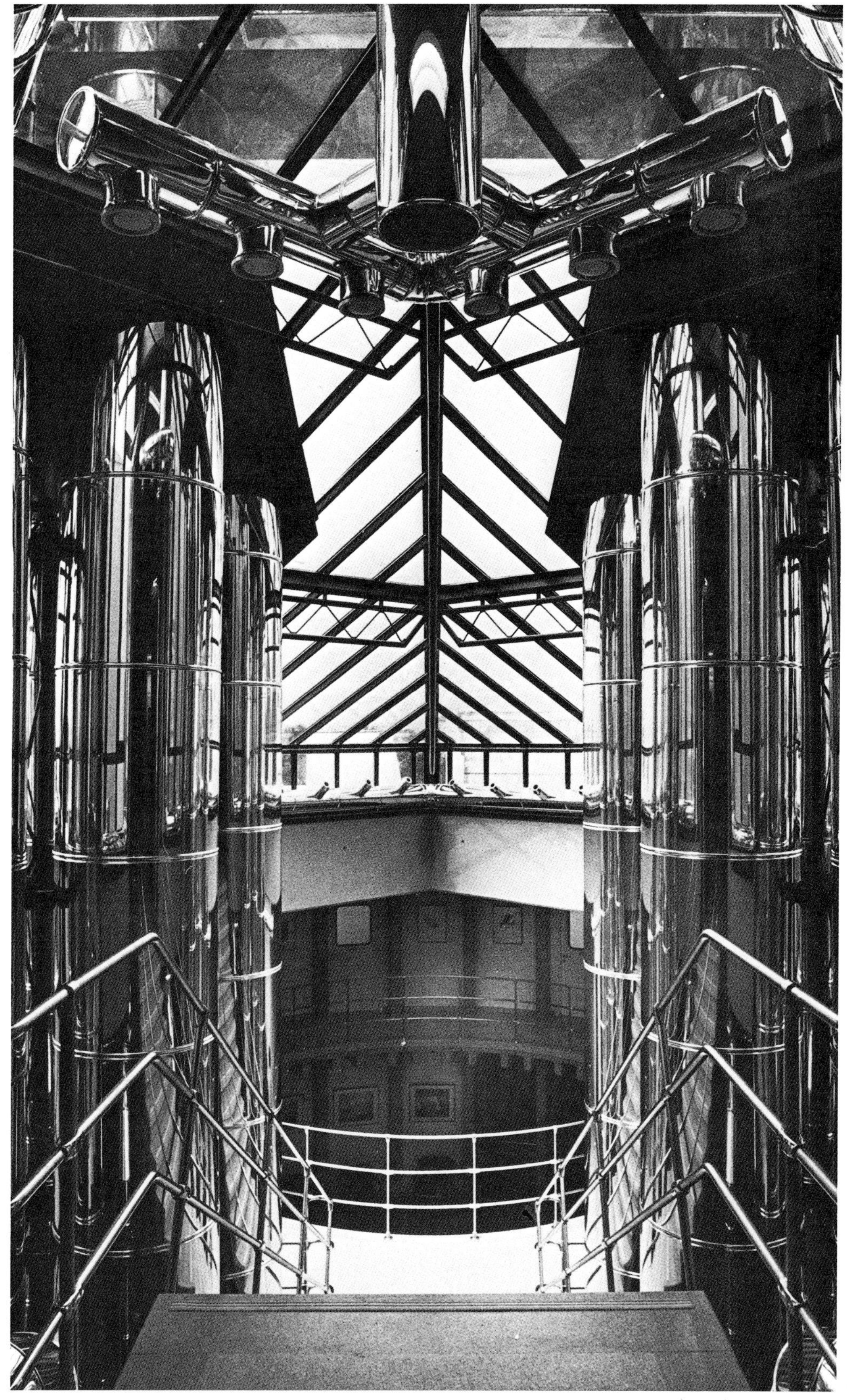

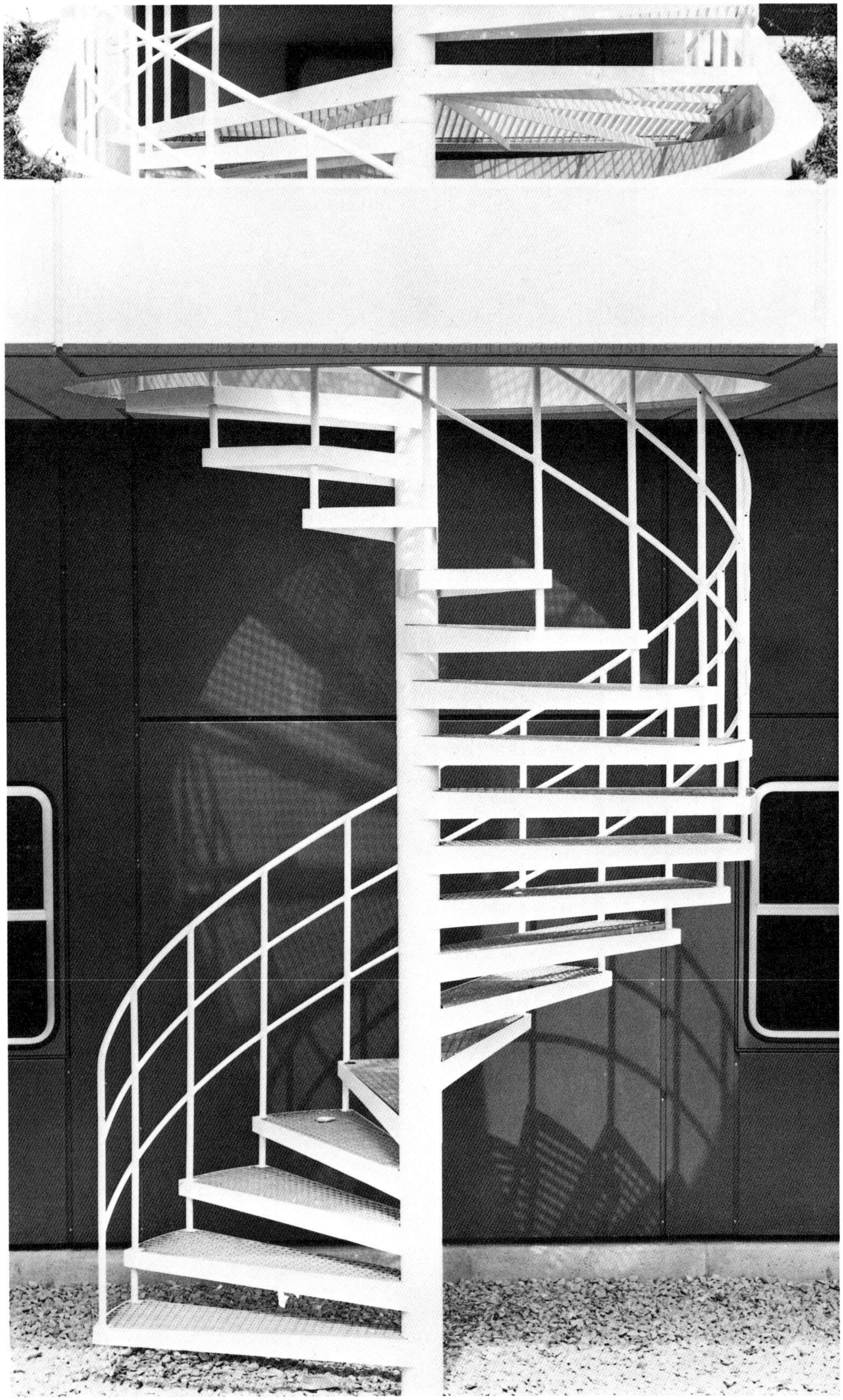

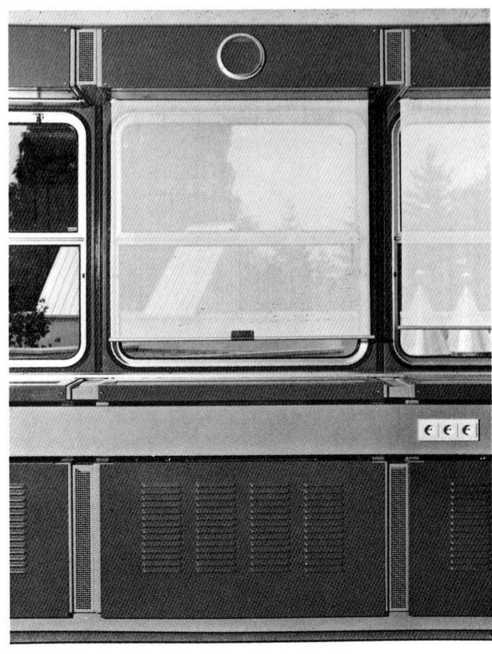

Detalles del exterior e interior

Details of the exterior and the interior

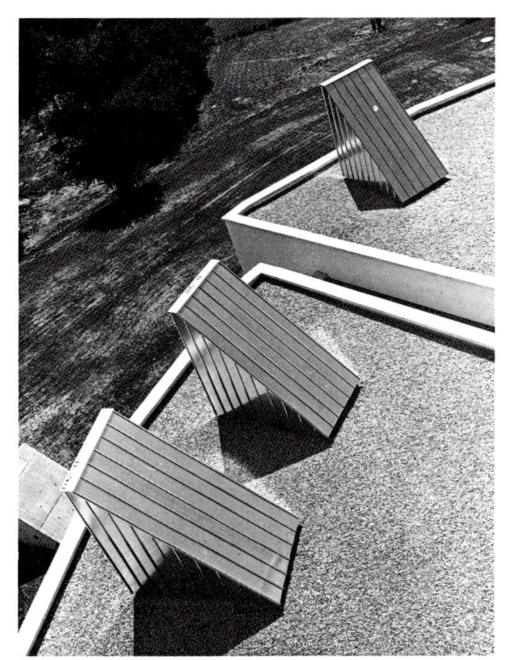
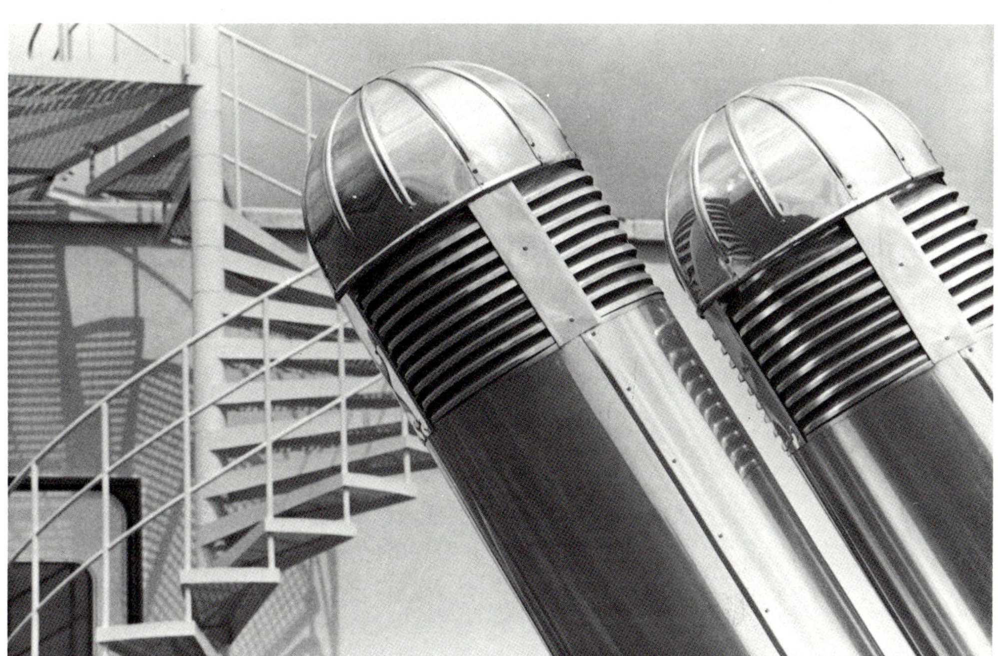

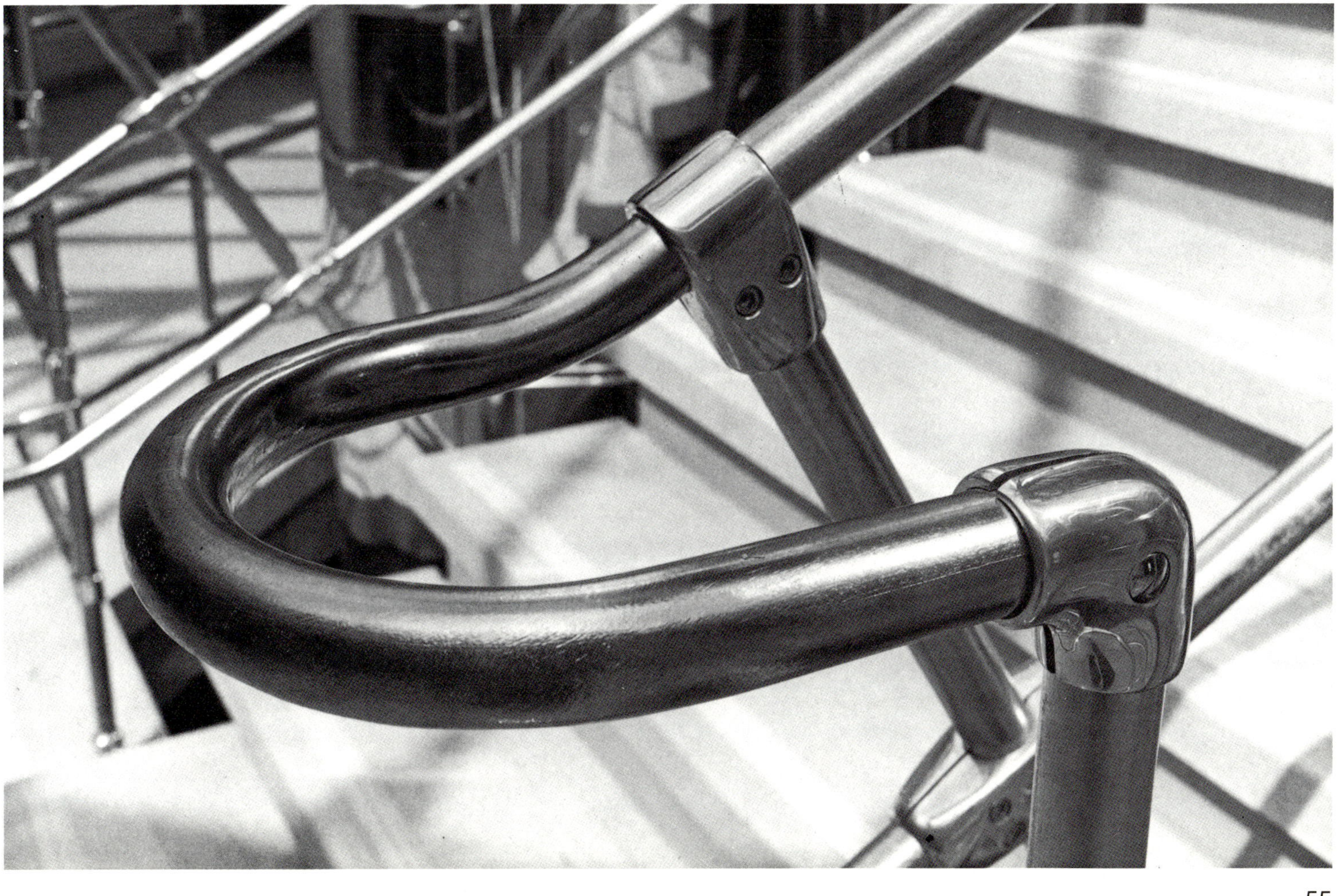

Estudios para la Radio Televisión Austríaca (ORTF) en Graz, Steiermark

Studios for Austrian Broadcasting (ORTF) in Graz, Steiermark

El estudio de la región Steiermark en Graz, pertenece al mismo tipo de construcción desarrollado en Dornbirn, Innsbruck, Salzburg y Linz. Si prescindimos de las superficies –tratadas de otro modo por causas térmicas– y del color verde de la carpintería –típico de la región– se percibe, en esta obra, un cierto alejamiento de aquella actitud de progreso que considera la técnica como algo muy serio, un distanciamiento irónico tanto de la arquitectura peculiar del pasado como de los tics a la moda, algo así como creemos percibir en ciertos detalles de la arquitectura de papel de Aldo Rossi.

El "gangway" presenta una ligera marquesina al igual que las entradas de los hoteles. Se trata, sin duda alguna, de detalles marginales, pero en ellos se evidencia la mano de un gran arquitecto.

The studio in the Steiermark region in Graz applies the same construction system developed in Dornbirn, Innsbruck, Salzburg and Linz. Leaving aside the plan, treated in a different way for thermal reasons, and the green colouring of the woodwork, typical of the region, this project represents a movement away from that notion of progress which takes an over serious view of technology, ironic in its attitude to both the architecture of the past and the tics contemporary fashion, such as can perhaps be seen in the idealised schemes of Aldo Rossi.

The light glazed canopy of the "gangway" calls to mind those of hotel entrances. Of course this is only a minor detail, but it is in these that the hand of a great architect makes itself evident.

Plantas, vistas del acceso y lateral. Páginas siguientes: Detalles del acceso y una salida de emergencia

Plans, views of the access and side. Following pages: Details of the entrance and emergence exit

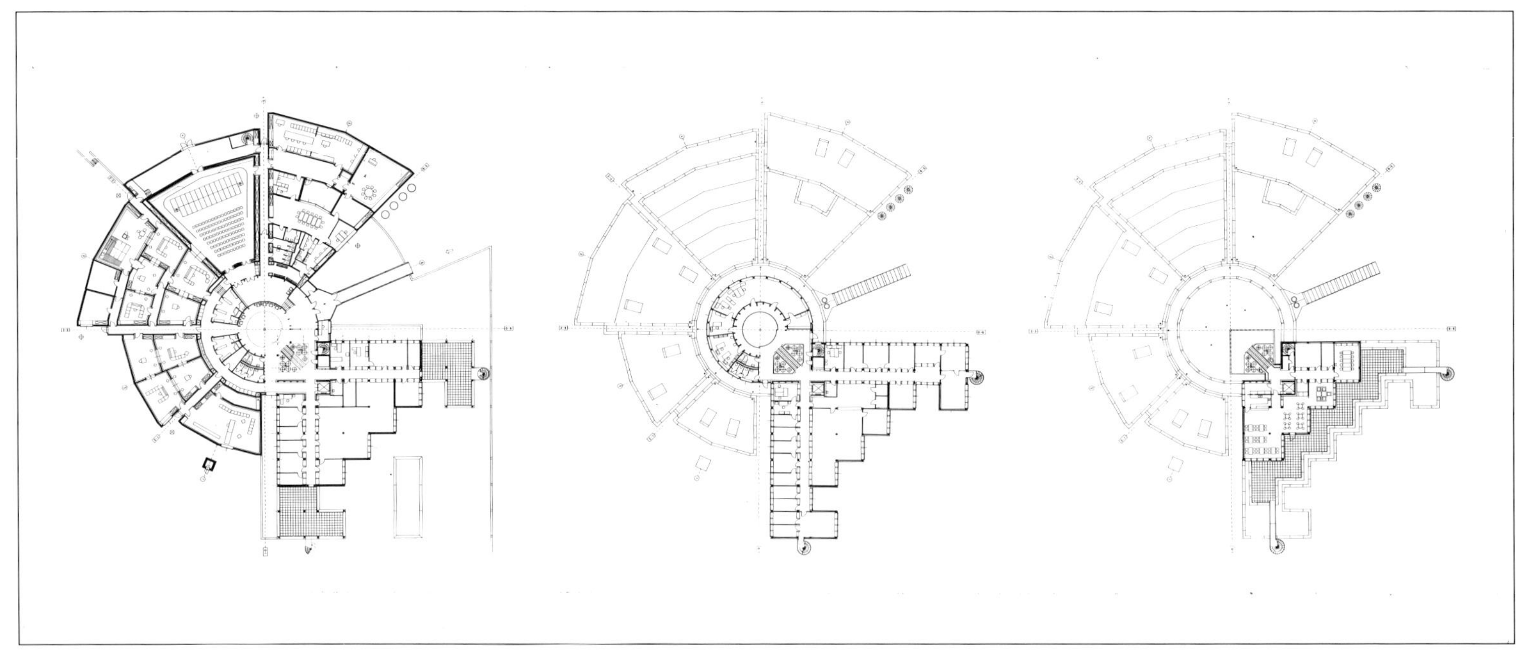

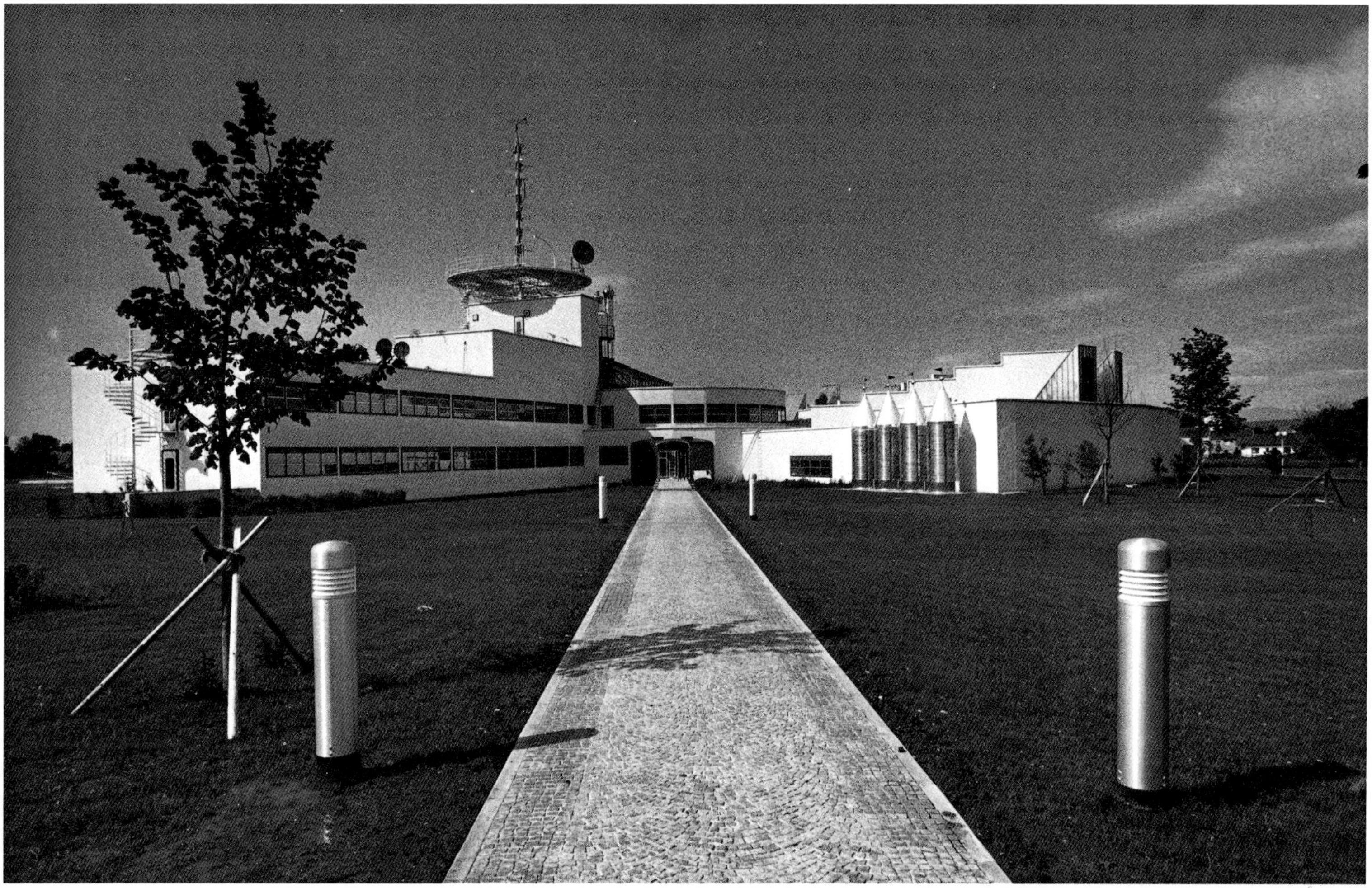

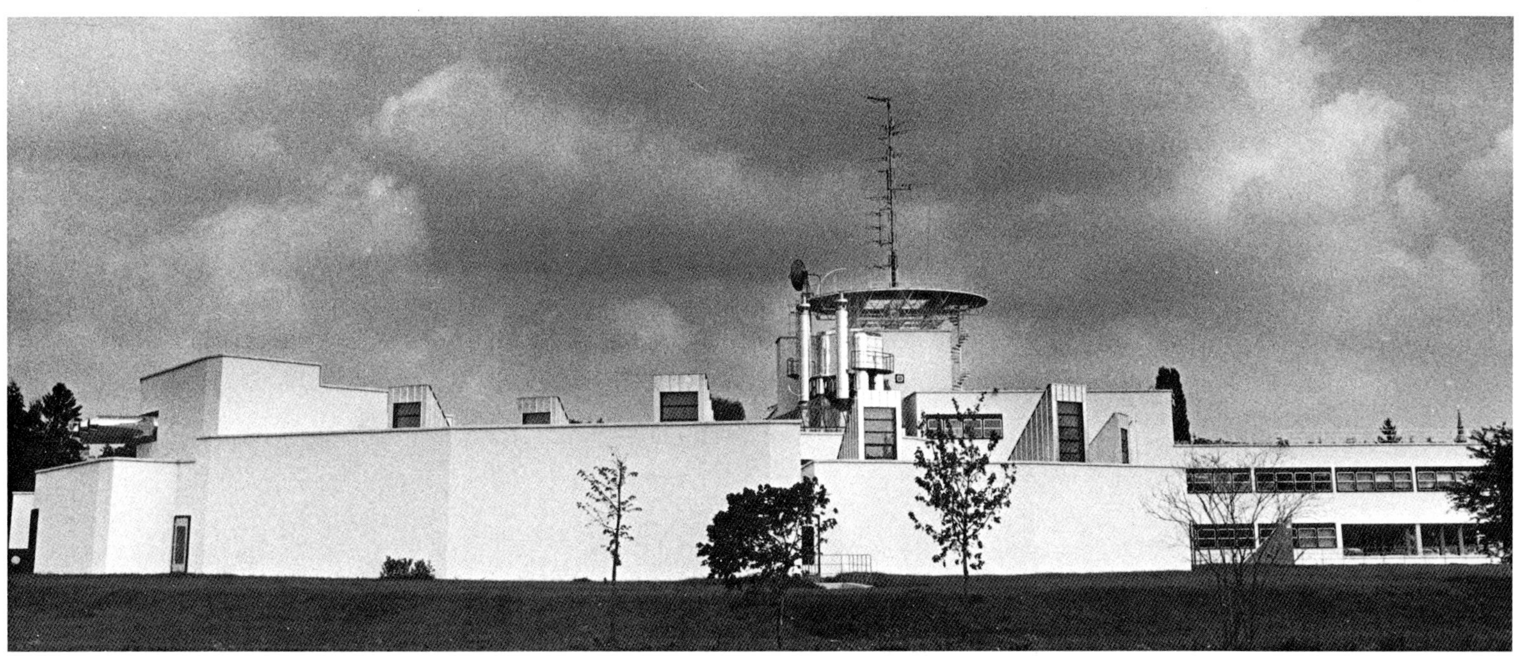

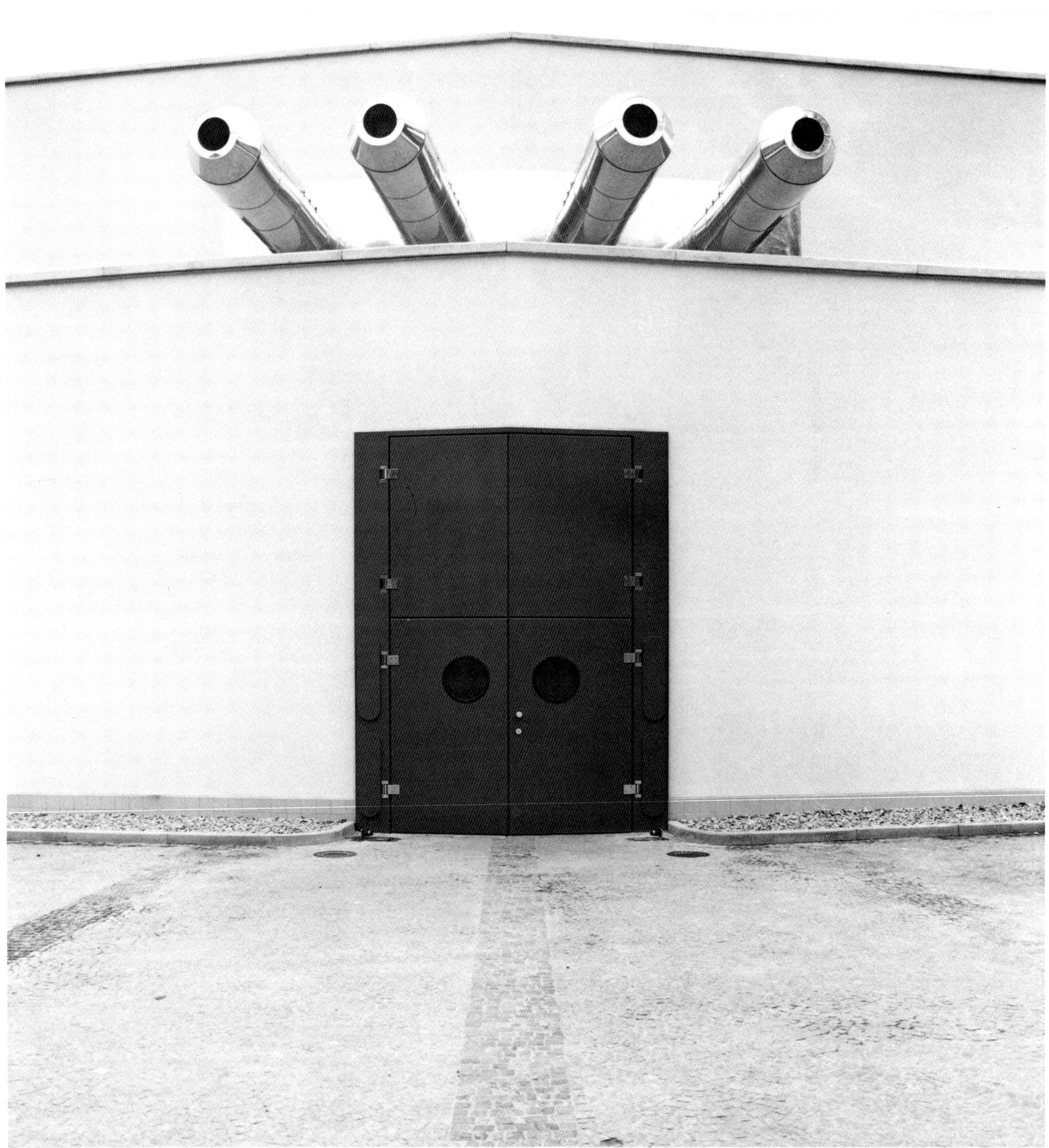

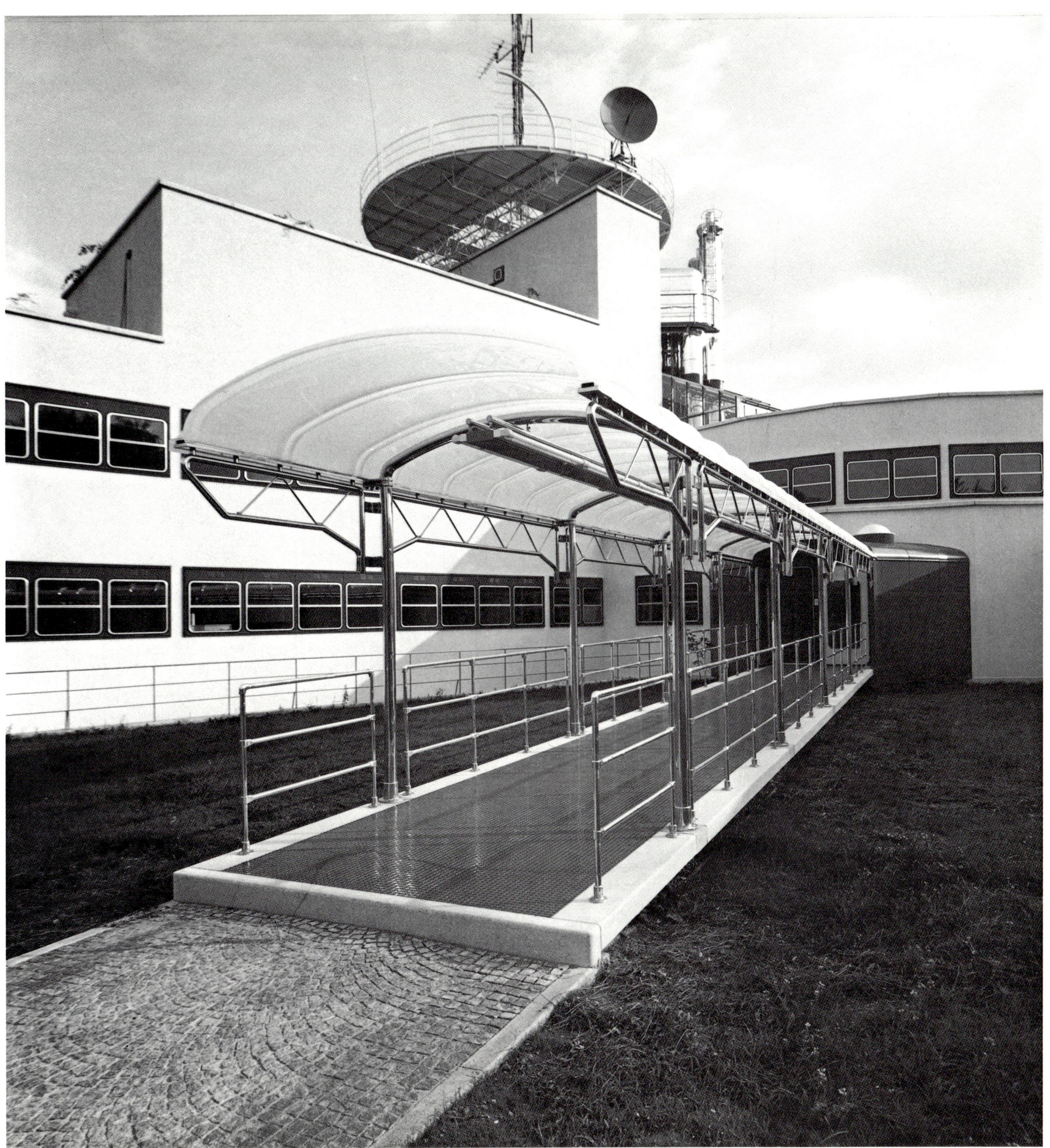

PEA, Planta de Eliminación de Fostatos en Berlin-Tegel

PEA, Phosphate elimination plant in Berlin-Tegel

Este proyecto enlaza con la tradición que en Berlín existe acerca de la arquitectura industrial, sin que pretenda ser continuación y mejora de todo aquello que atañe a la calidad técnica y arquitectónica de la obra. La planta de eliminación de fosfatos representa algo más que un instrumento técnico de utilidad pública y gracias al diseño arquitectónico se tiene la posibilidad de hacer un edificio simbólico.

El arquitecto se puso el listón de lograr la plena integración de la concepción técnica y funcional con la calidad arquitectónica, contando con la ayuda de expertos en construcción hidráulica.

La imagen externa de la planta nace de la arquitectura, luego la forma no es punto de partida sino resultado final del trabajo.

This project ties in with the existing tradition of industrial architecture in Berlin, not by a blind continuation of it, but by improving on its technical and architectonic qualities. The phosphate elimination plant represents not just a public utility, but by virtue of its design, has the opportunity to attain symbolic value.

The architect set himself the goal of acheiving the complete integration of the technical and functional with architectonic quality, making use of the assistance of hydraulic construction experts.

The external appearance of the plant, the form, was not the starting point, but the culmination of the design process.

Boceto y axonometría

Sketch and axonometric

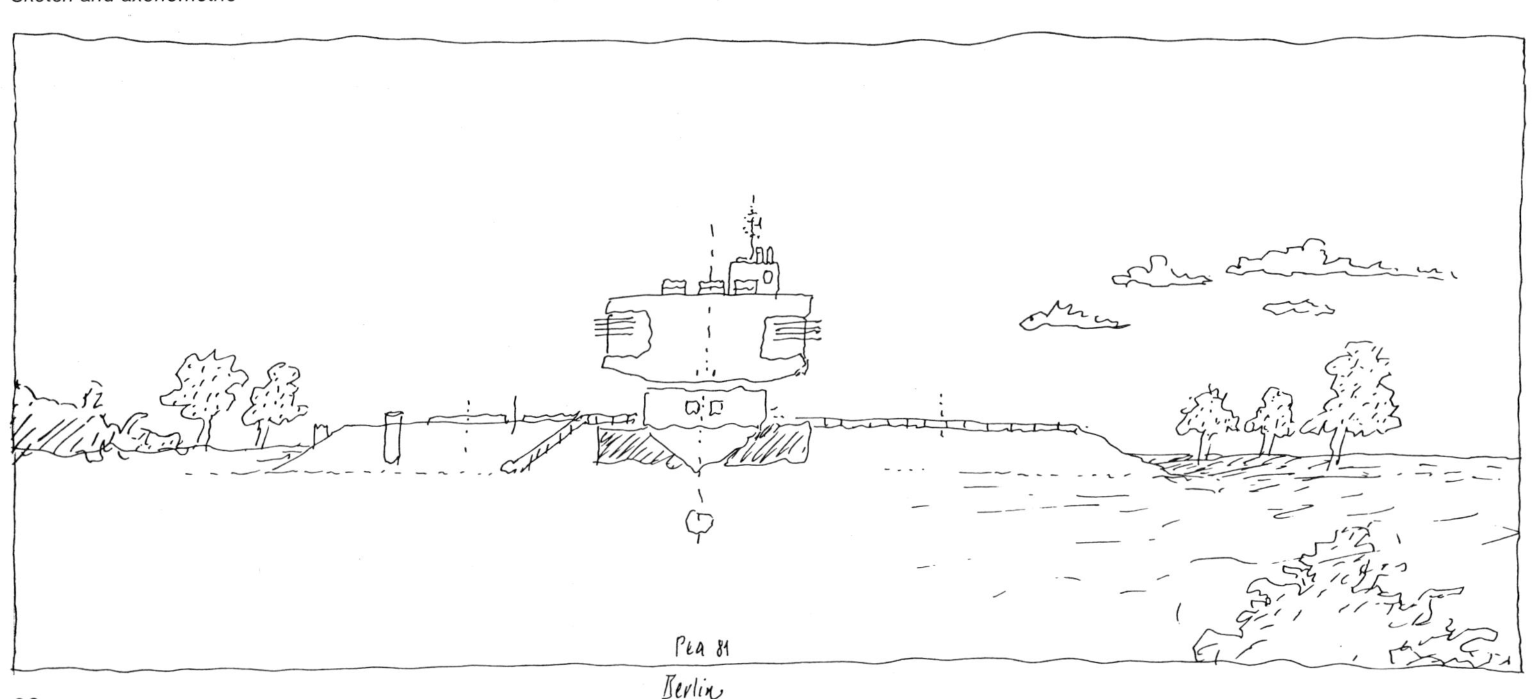

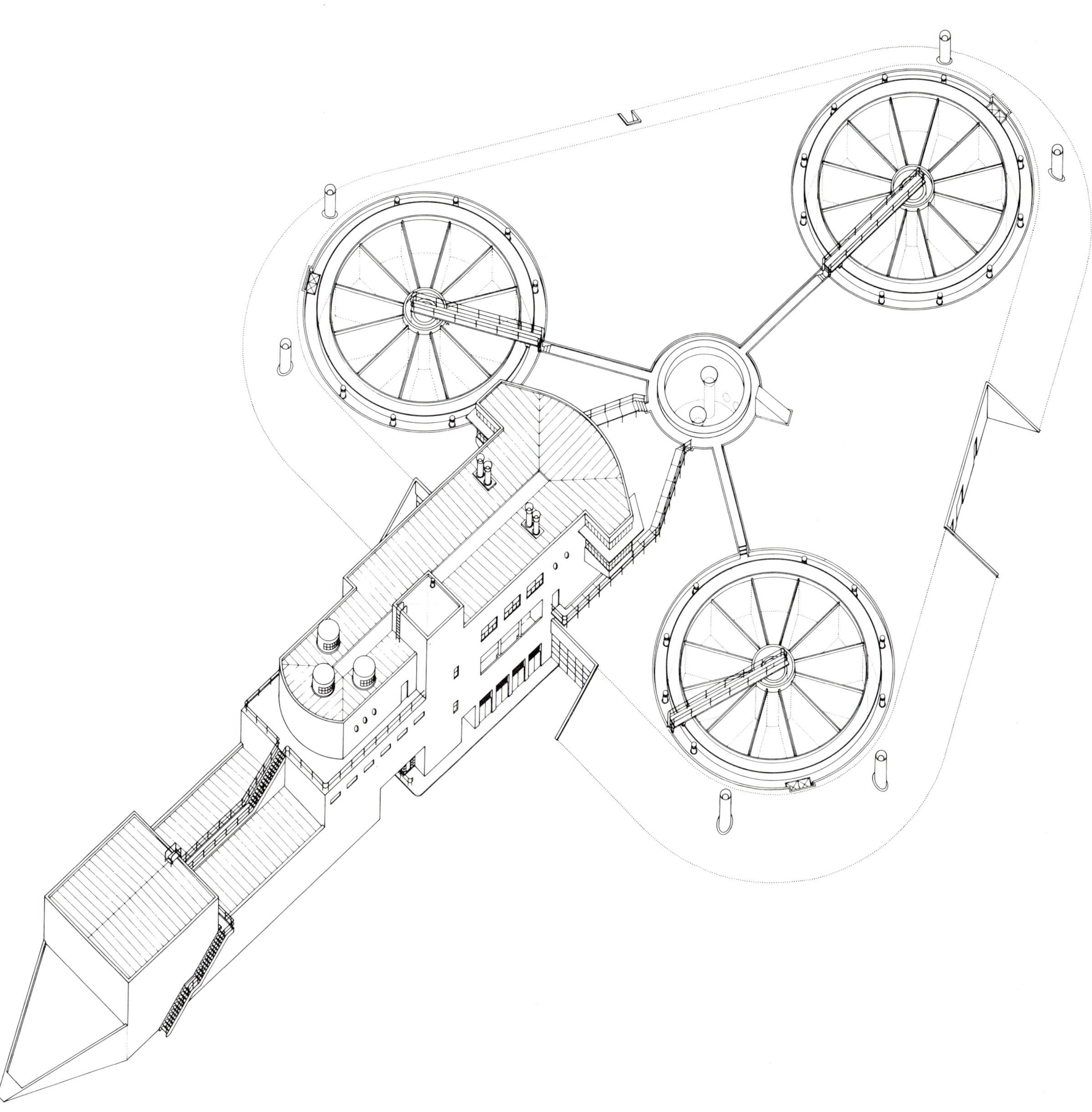

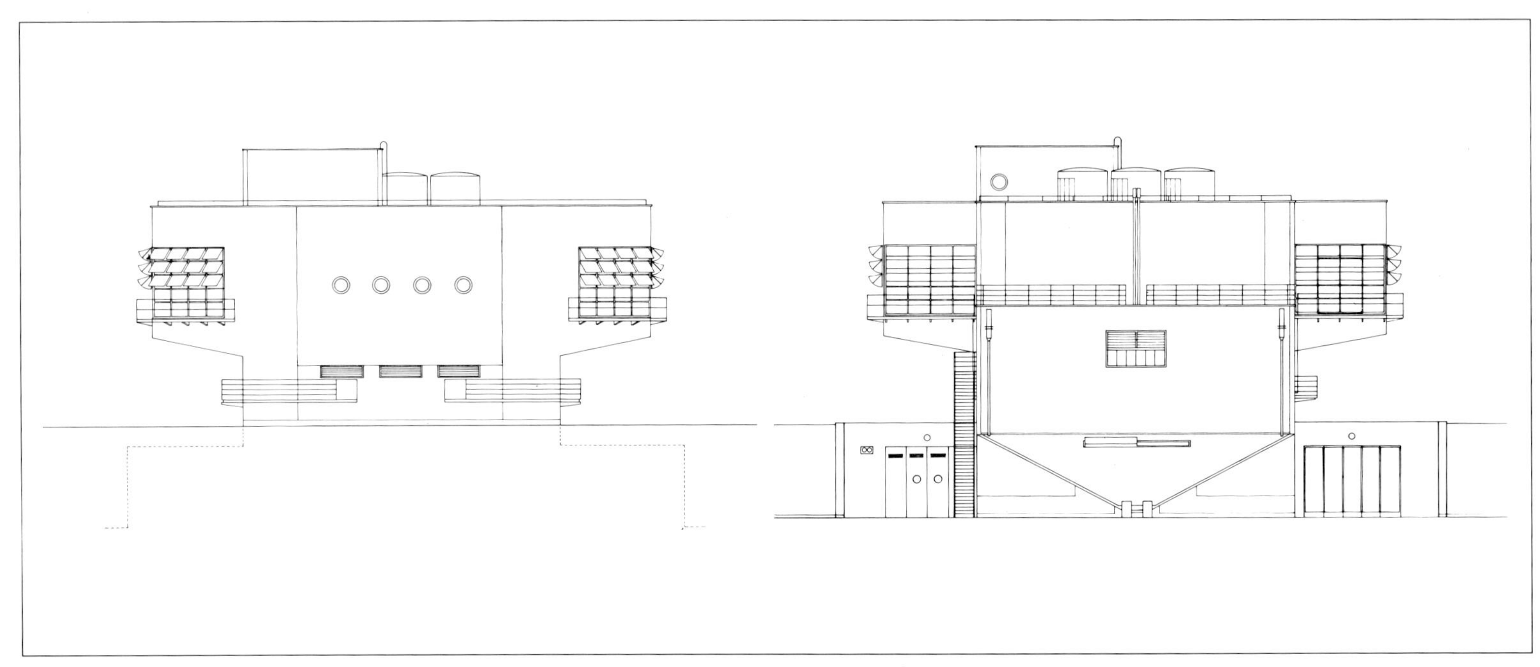

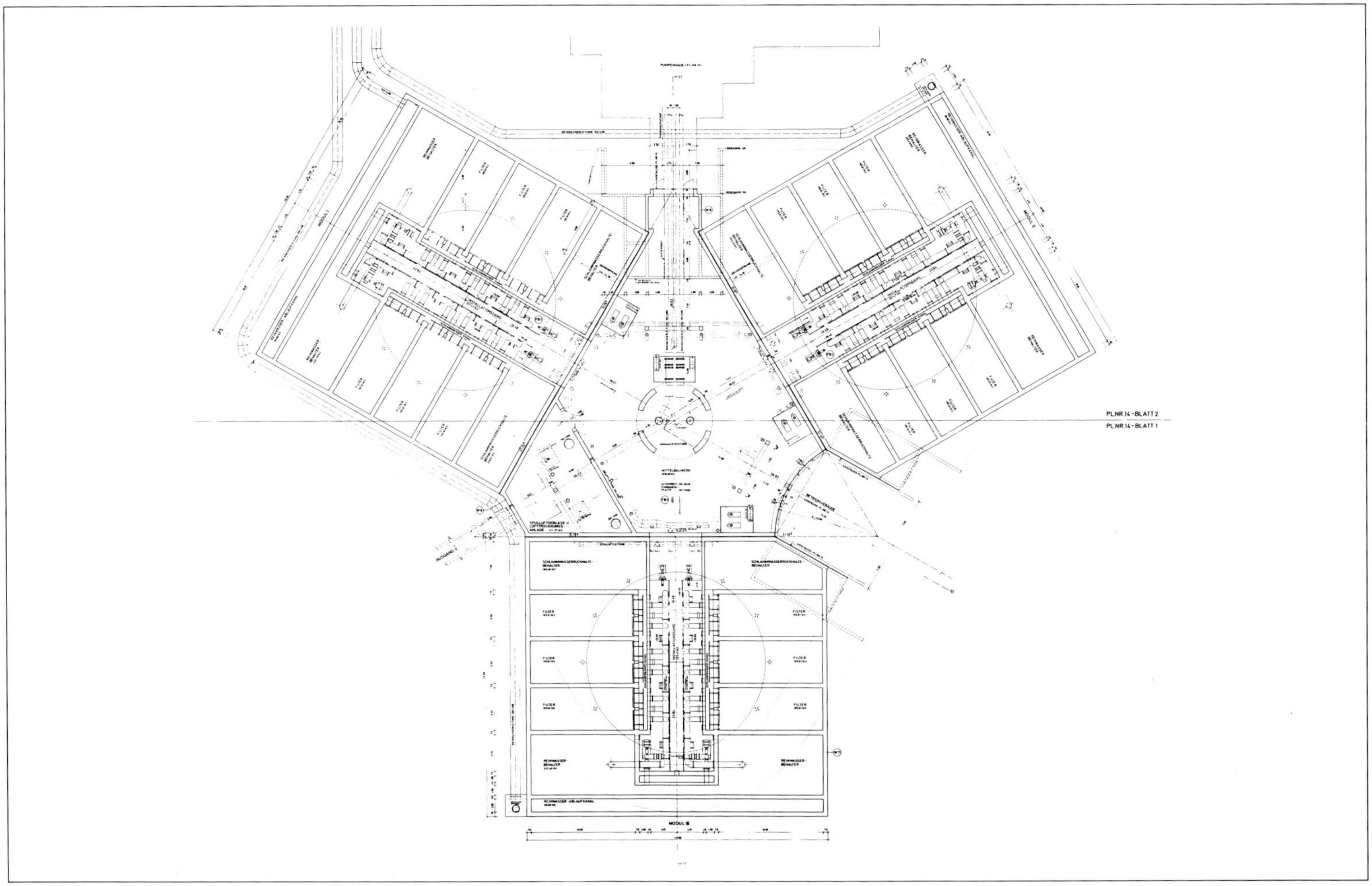

Planta, alzados y vista exterior

Plan, elevations and view of the exterior

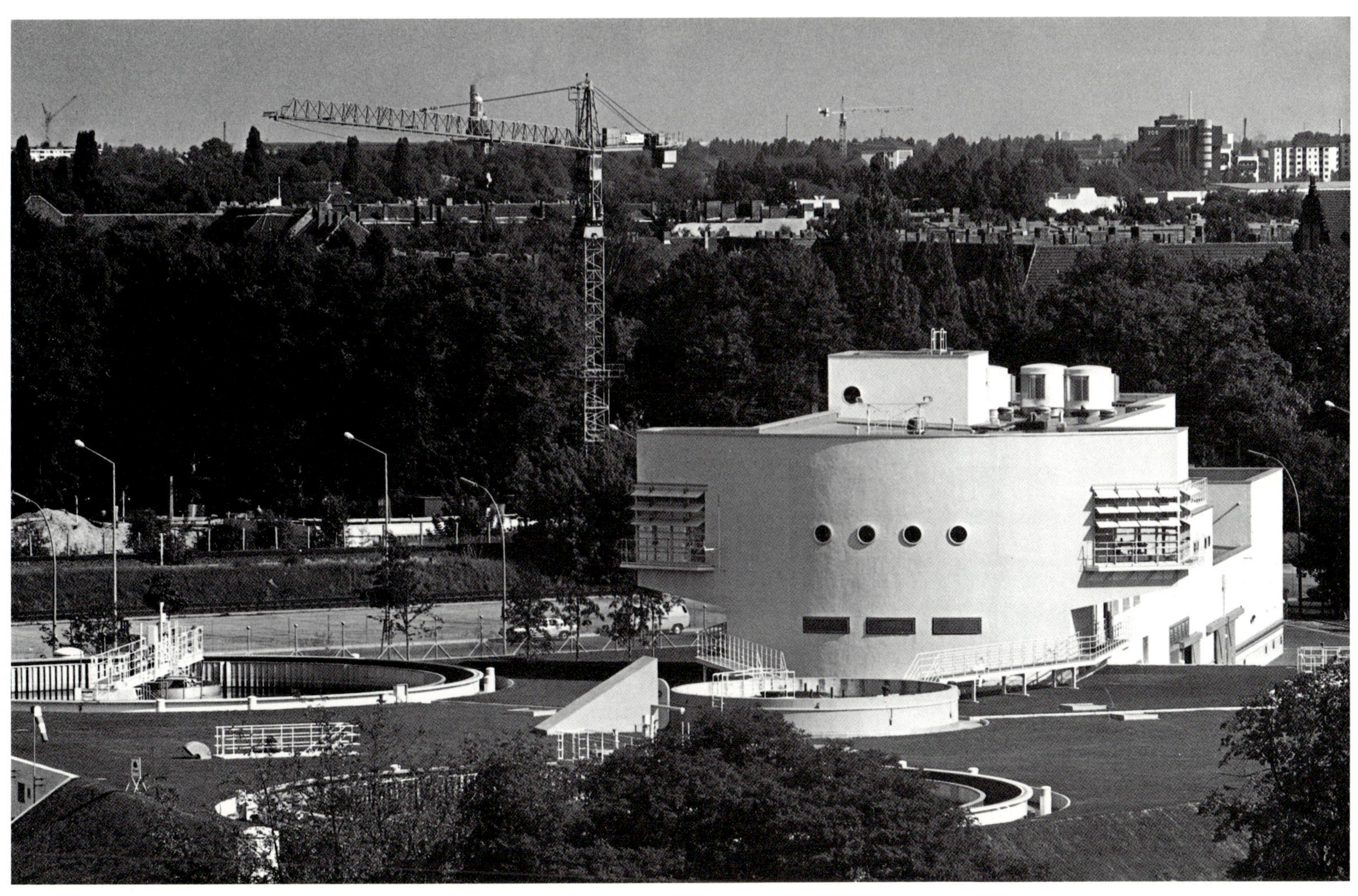

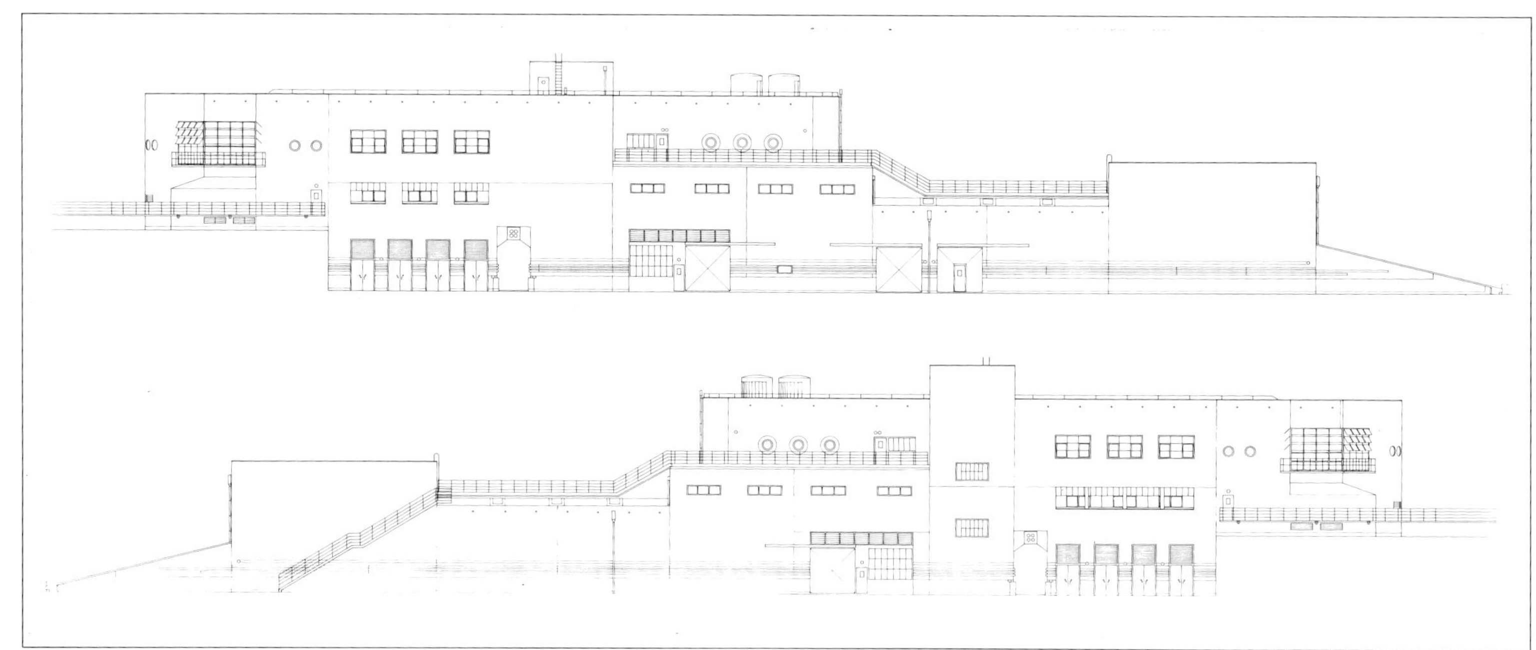

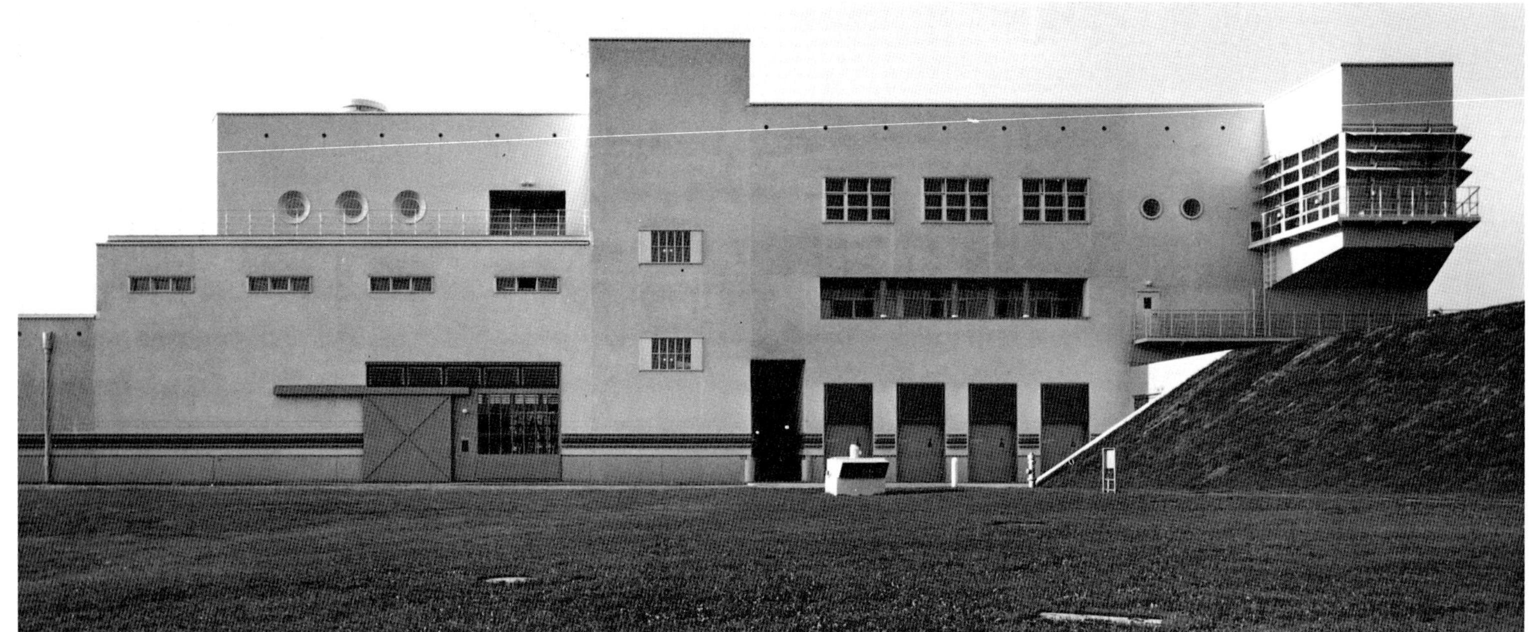

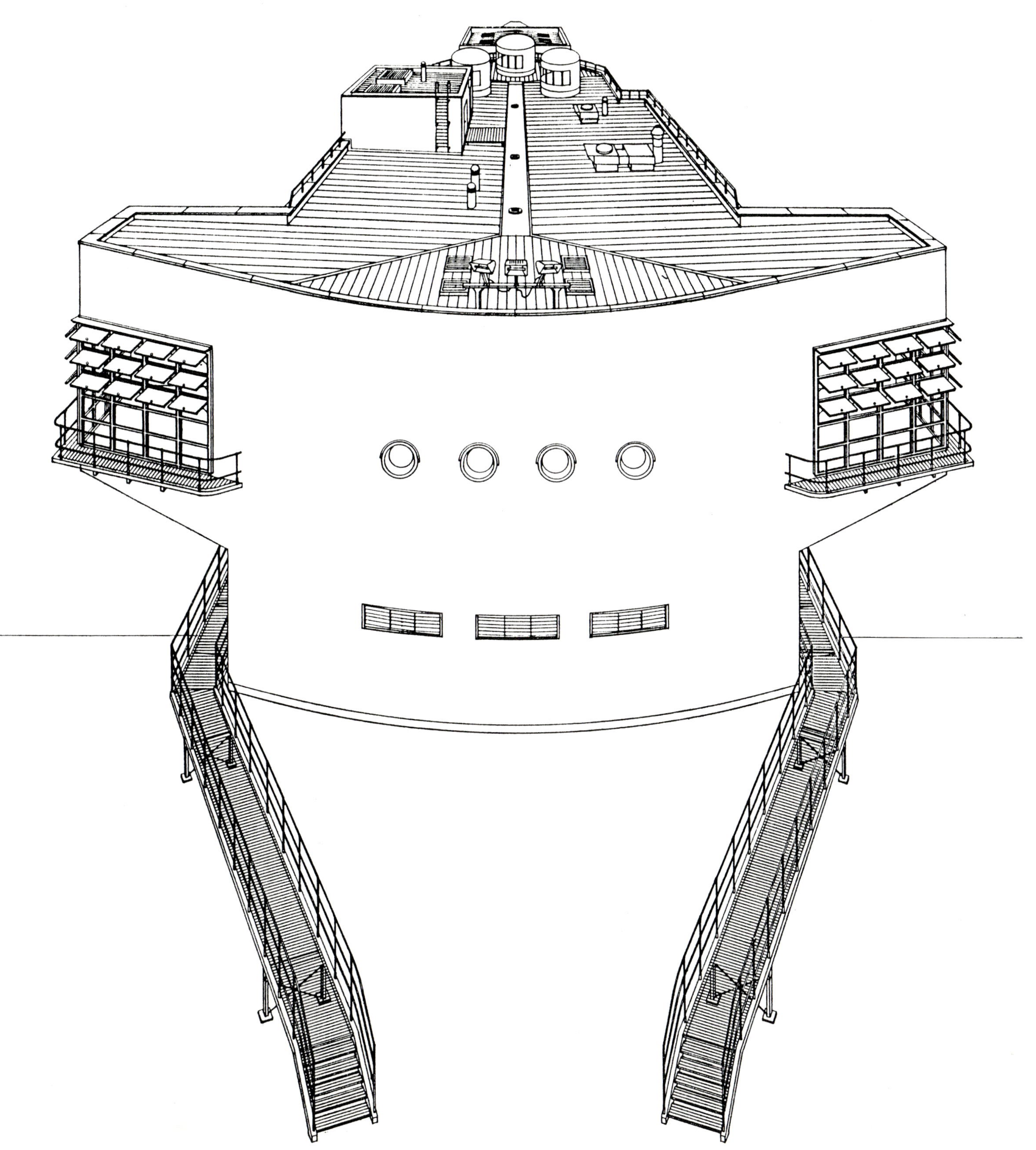

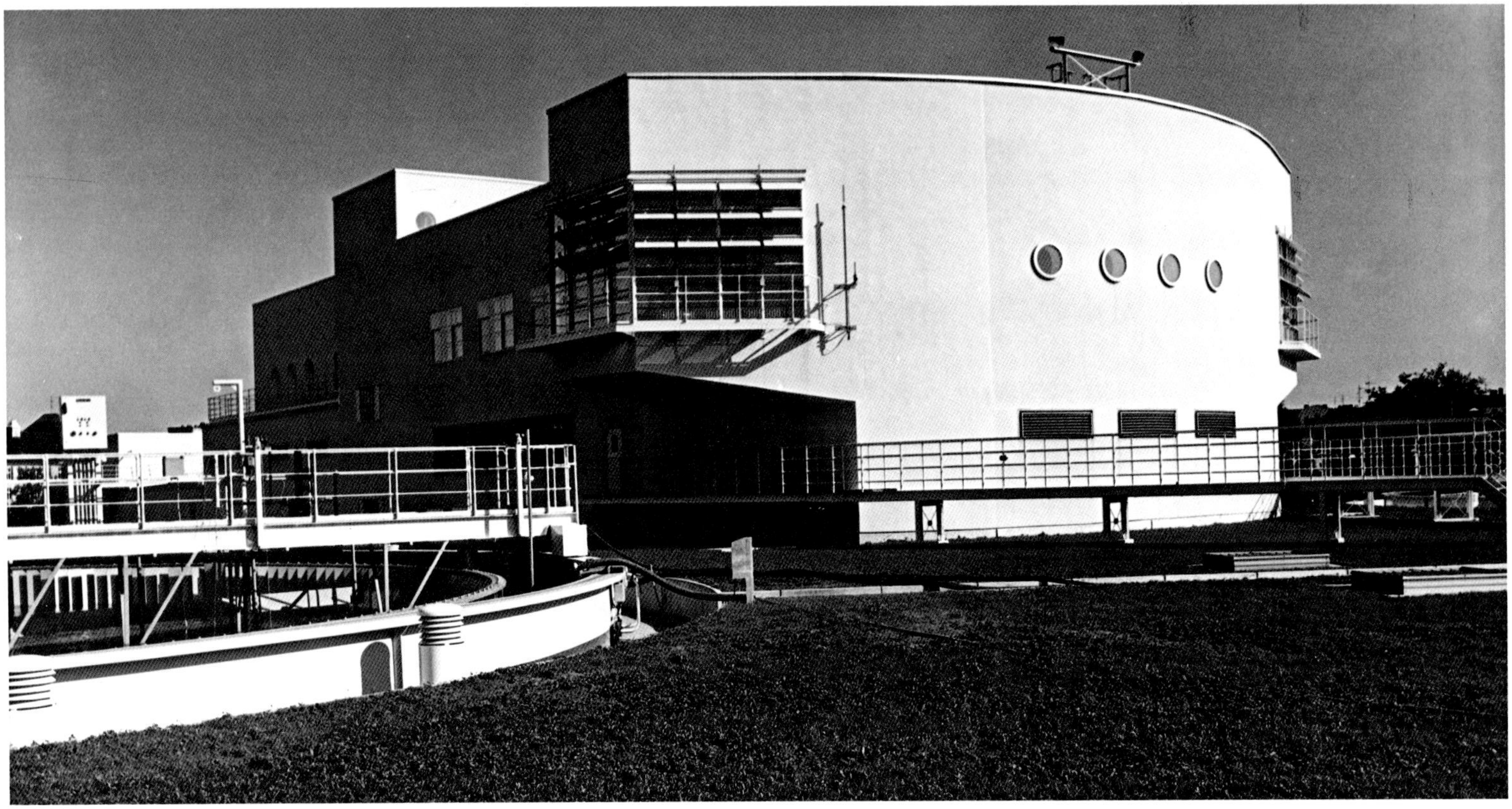

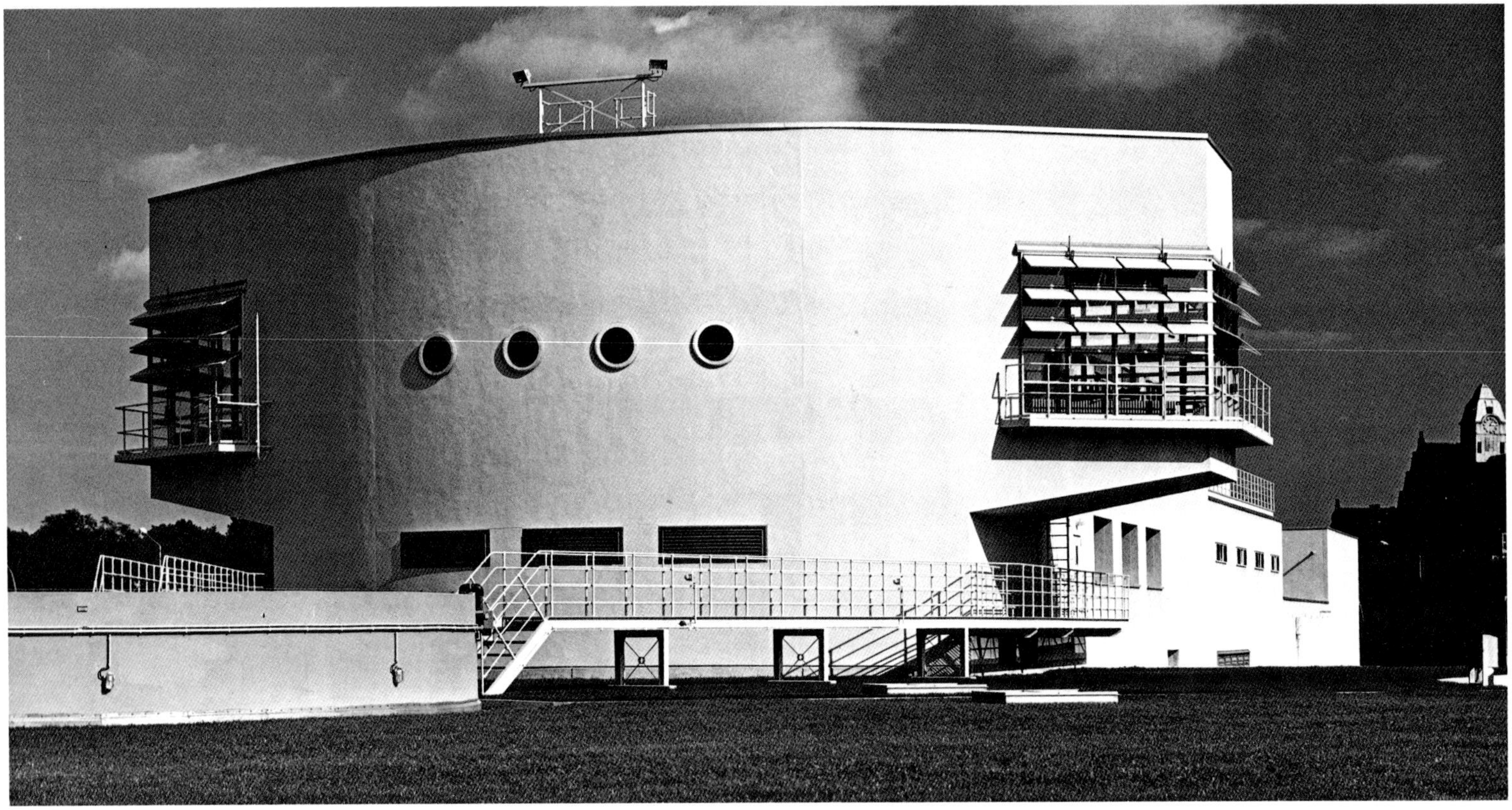

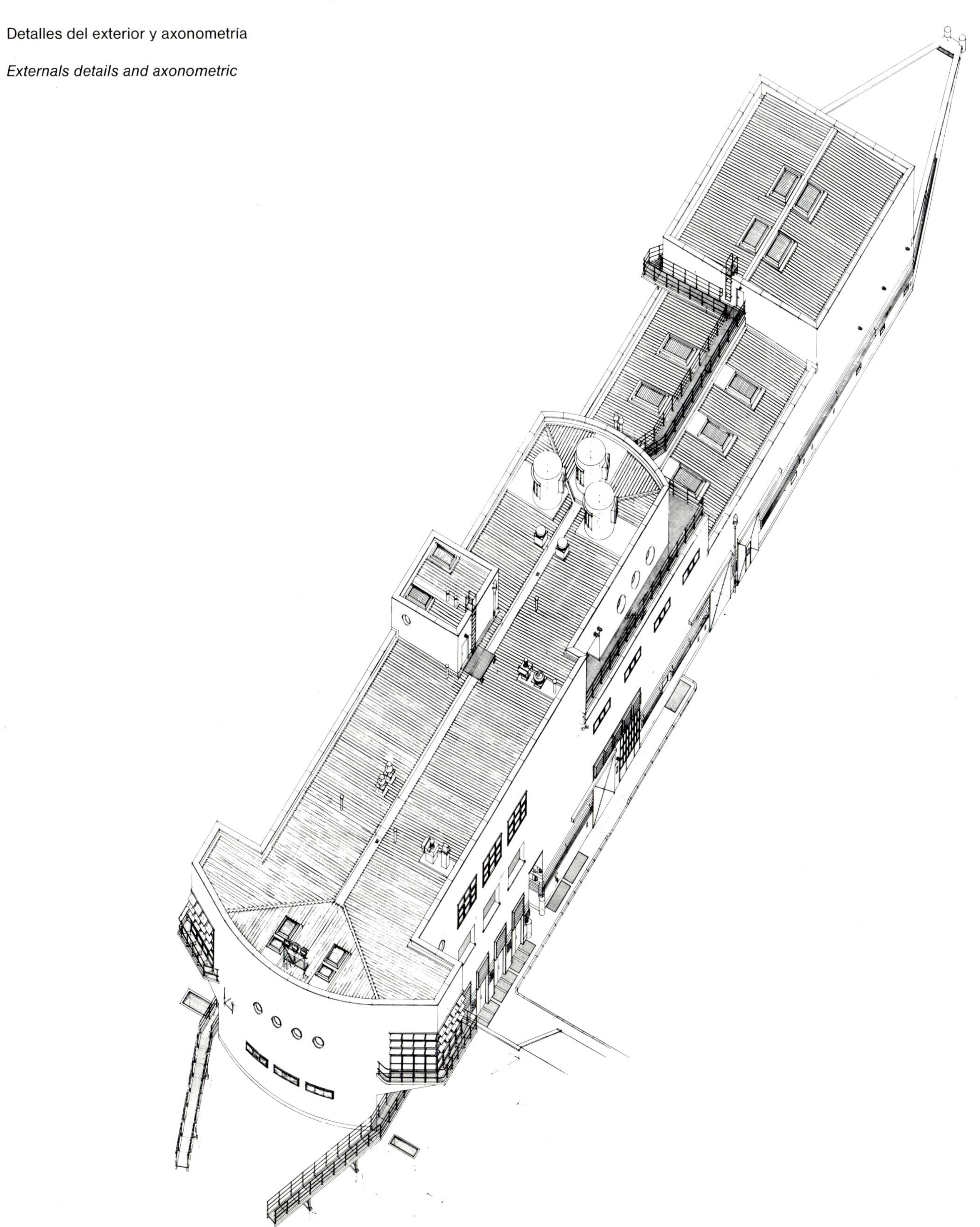

1982-1983

Archivos de la Radio Austríaca (ORF) en Argentinierstrasse, Viena

Peichl creó la nueva ampliación ateniéndose a los planteamientos técnicos y empresariales elaborados por el equipo de la Radio Austríaca, sin olvidar la construcción existente de los años treinta.

El nuevo edificio constituye el intento de sintonizar las nuevas formas y funciones con el programa humano técnico, relacionándolo con la construcción existente.

La arquitectura de Peichl sigue deliberadamente la de Clemens Holzmeister, pero utilizando materiales y formas contemporáneas que se ajustan a las actuales exigencias funcionales.

En las bases enunciadas se establecían varias prioridades a tener en cuenta. El nuevo edificio debía distinguirse del antiguo y la conexión entre uno y otro debía ser cómoda y fácil. Además, satisfacer plenamente las distintas necesidades de los tres departamentos: Dirección de la Radio, estudio de la región de Viena y estudio de la Baja Austria.

Archives for Austrian Radio (ORF) in Argentinierstrasse, Vienna

Peichl designed the new extension in accordance with the technical and managerial recommendations prepared by the Austrian Radio team and bearing in mind the existing 1930's building.

The new building attempts to harmonise the new forms and functions with the human and technological brief, in relation to the existing construction.

Peichl's architecture consciously follows that of Clemens Holzmeister, but utilising contemporary materials and forms, which respond to current functional requirements.

Several principles to be kept in mind were established at the outset. The new building had to distinguish itself from the old, and the connection between the two had to be simple and convenient. In addition, it had to fully satisfy the requirements of the three departments: Management, the Vienna region studio and the Lower Austria studio.

Axonometrías y emplazamiento

Axonometric and site plan

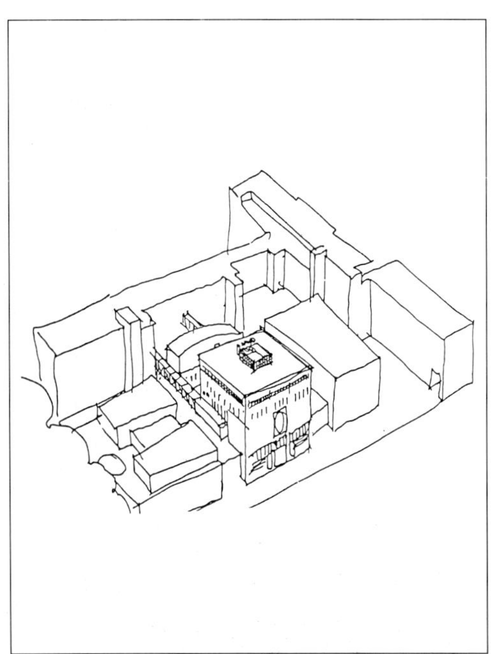
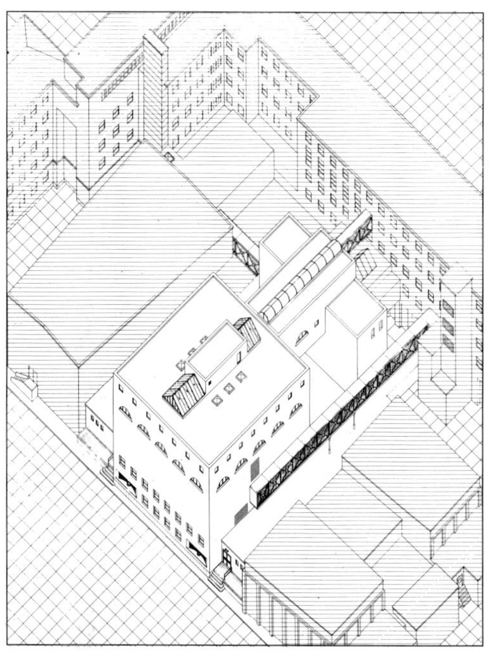
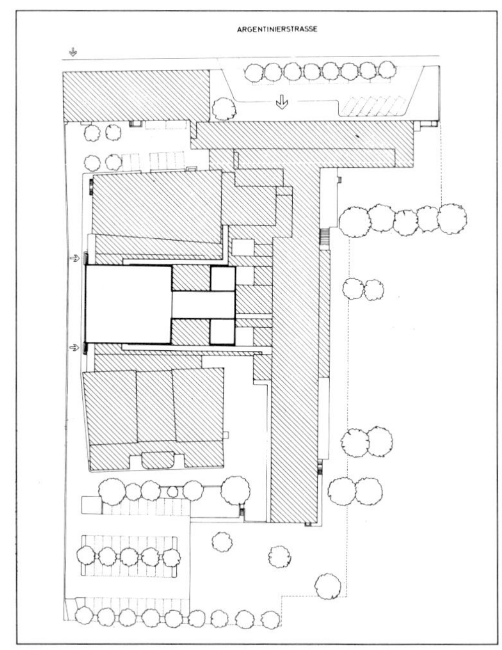

Visión lateral

Side view

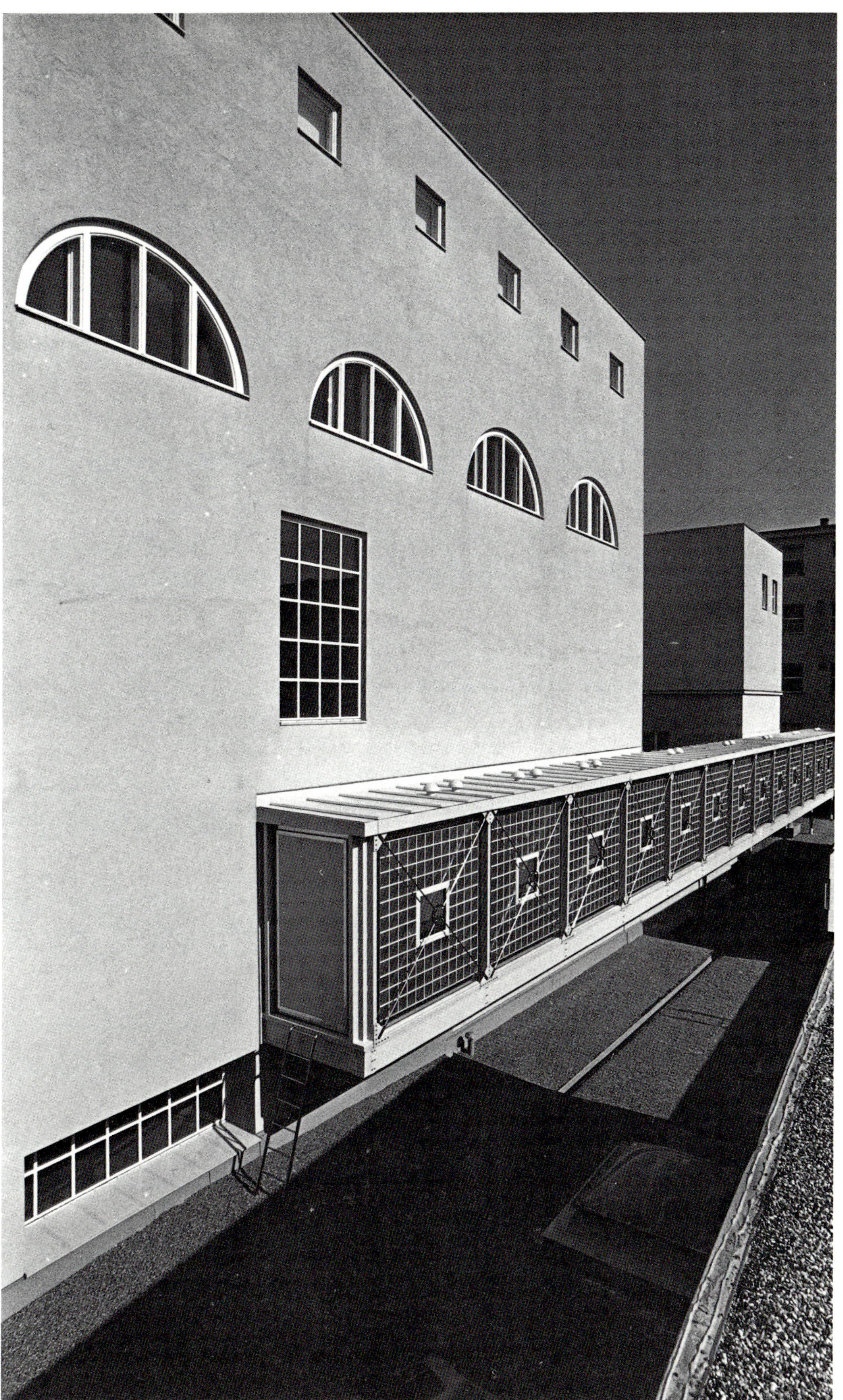

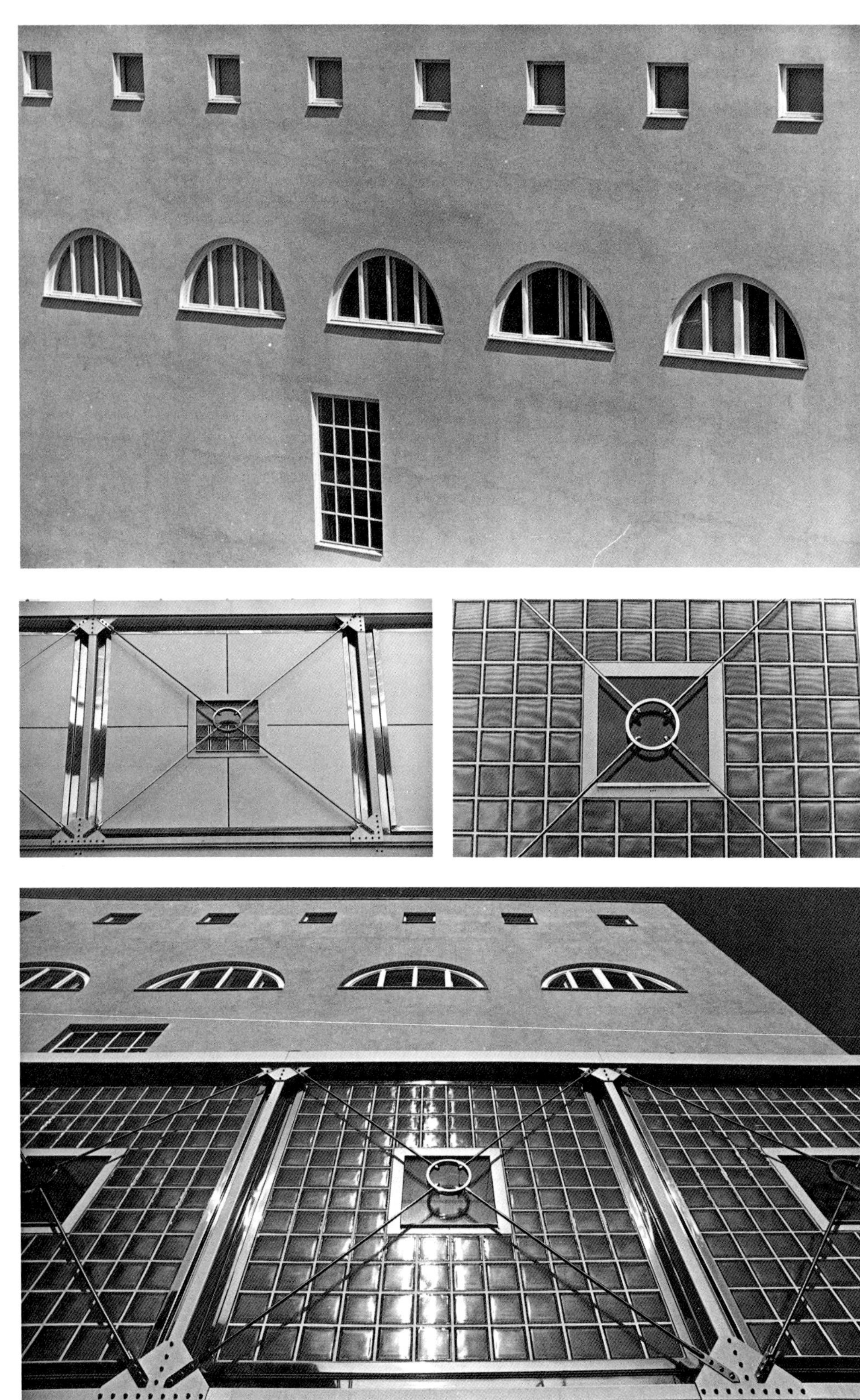

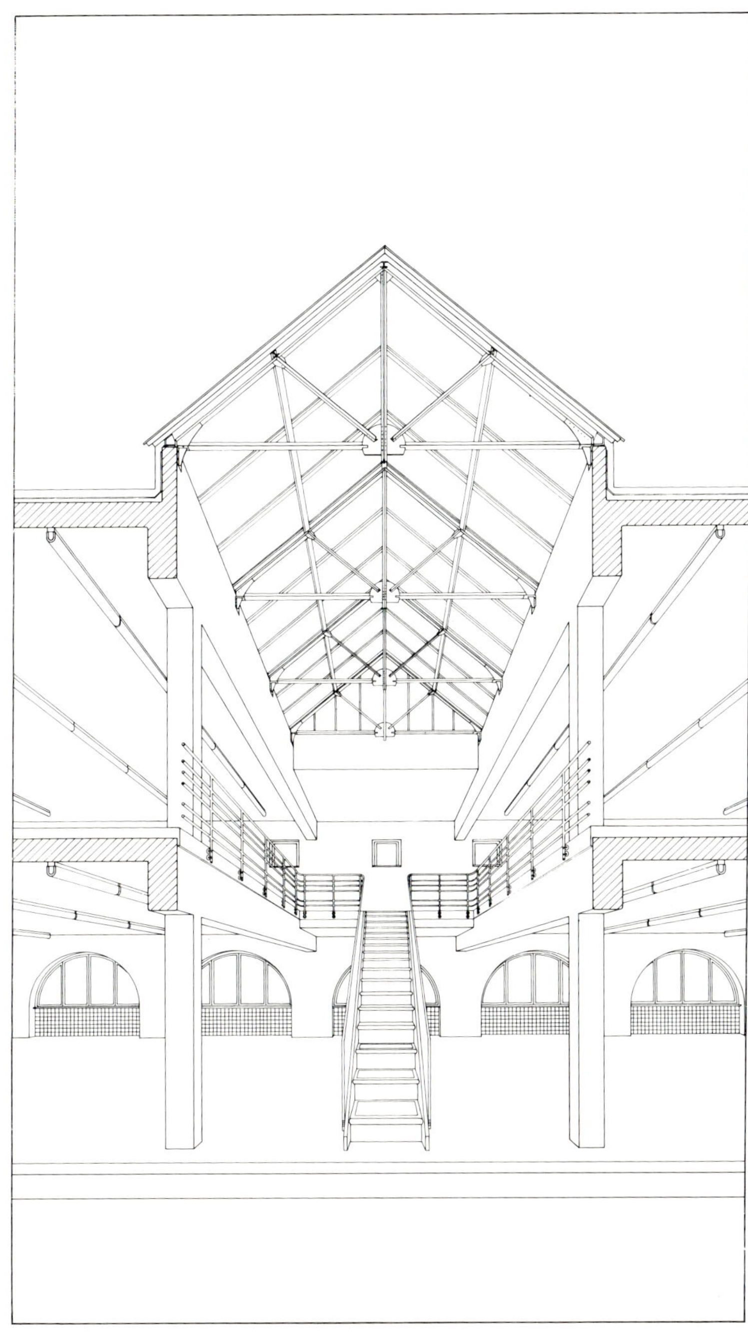

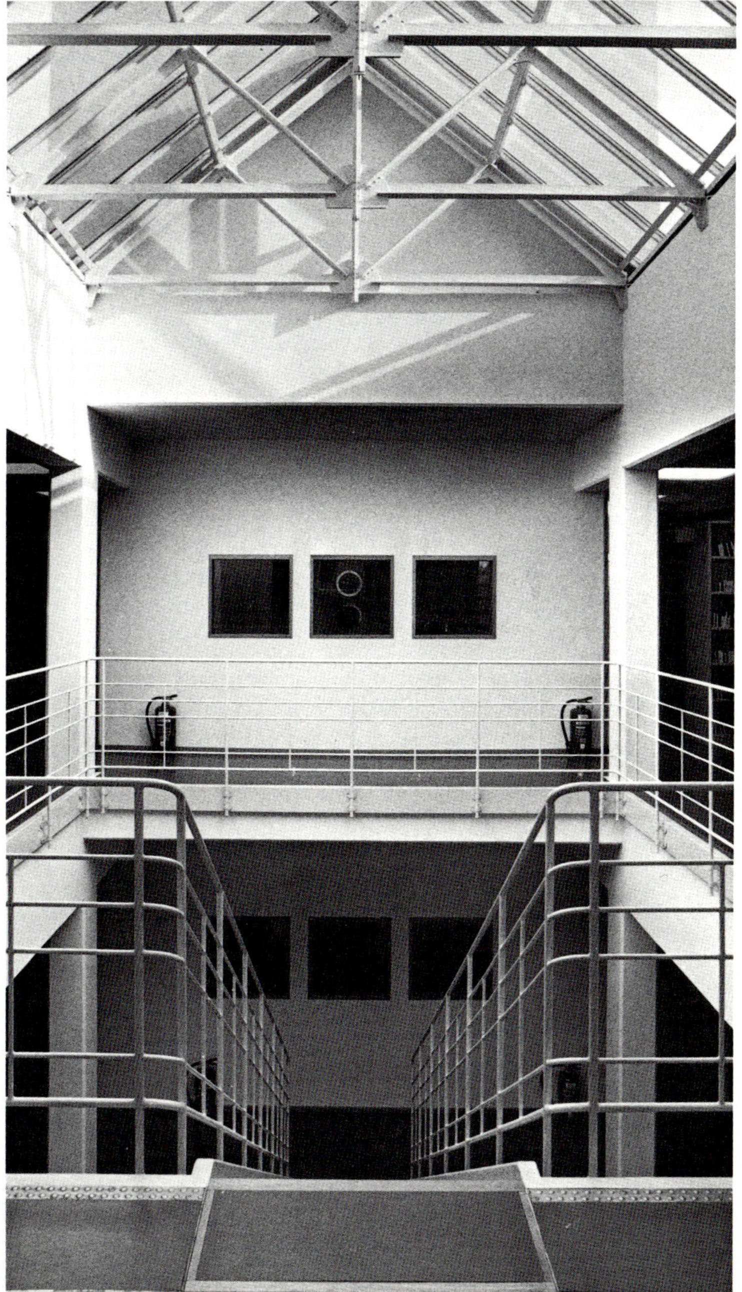

Museo de la Técnia en Mannheim

Technological Museum in Mannheim

Este proyecto se basa en un concepto de planificación elástica que se adapta al eje de desarrollo a lo largo de la Augusta-Anlage, siguiendo el "Mannheimer Achse". La solución de la plaza en forma de semi-círculo –de inspiración clásica, véase la planta del centro histórico de Mannheim– es un punto de partida y un impulso para la expansión de la ciudad a lo largo de este eje de desarrollo hacia el oeste.

Por medio de la sucesión de varias plazas: Toulon-Platz, Parede-Platz, Friedrichsplatz, Carl-Reiss-Platz, Augusta-Anlage, se crea un espacio que, aunque modesto, es eficaz y abierto hacia el sur, muy vivo y que da entrada al museo y a la emisora de radio.

This project is based on a flexible planning concept which adjusts to the line of development along the Augusta-Anlage, following the "Mannheimer Achse". The proposal of a semi-circular public space, of classical inspiration (v. map of the historic centre of Mannheim), is the starting point and an impulse for the expansion of the city along this axis of development towards the east.

By means of a succession of several squares, Toulon-Platz, Parede-Platz, Friedrichsplatz, Carl-Reiss-Platz, Augusta-Anlage, a very lively space is created, modest but effective, which is open to the south, giving access to the museum and radio transmitter.

Axonometrías, plantas y alzados seccionados

Axonometrics, plans and sectional elevations

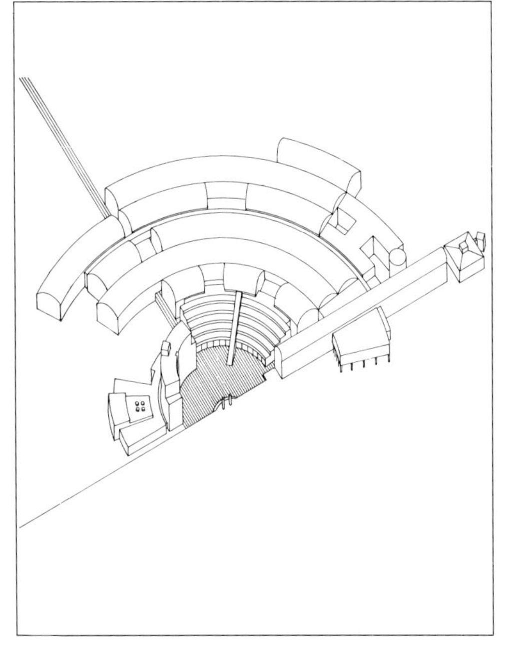

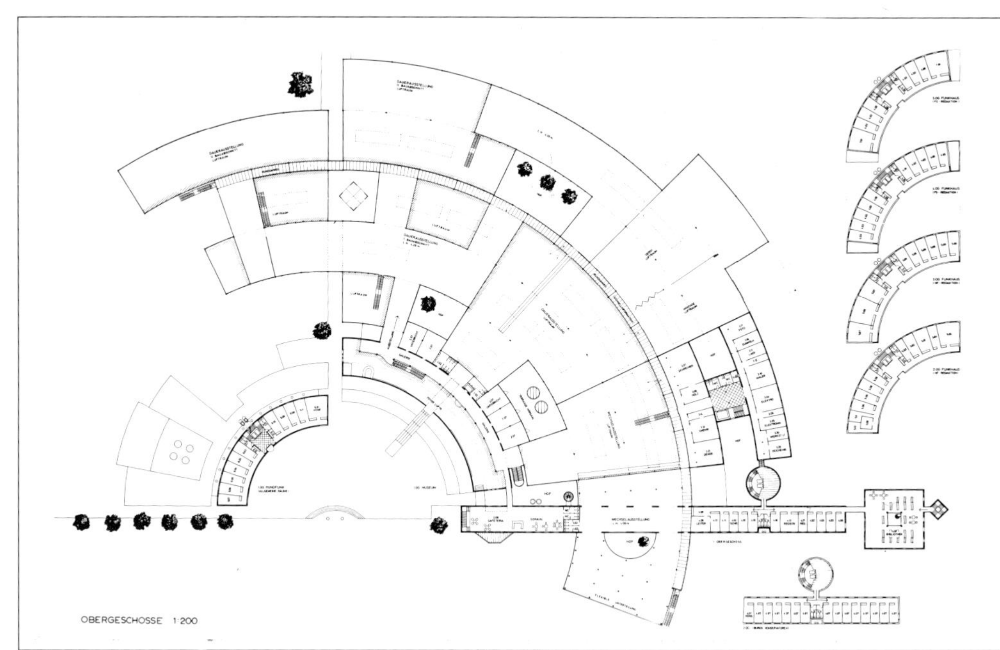

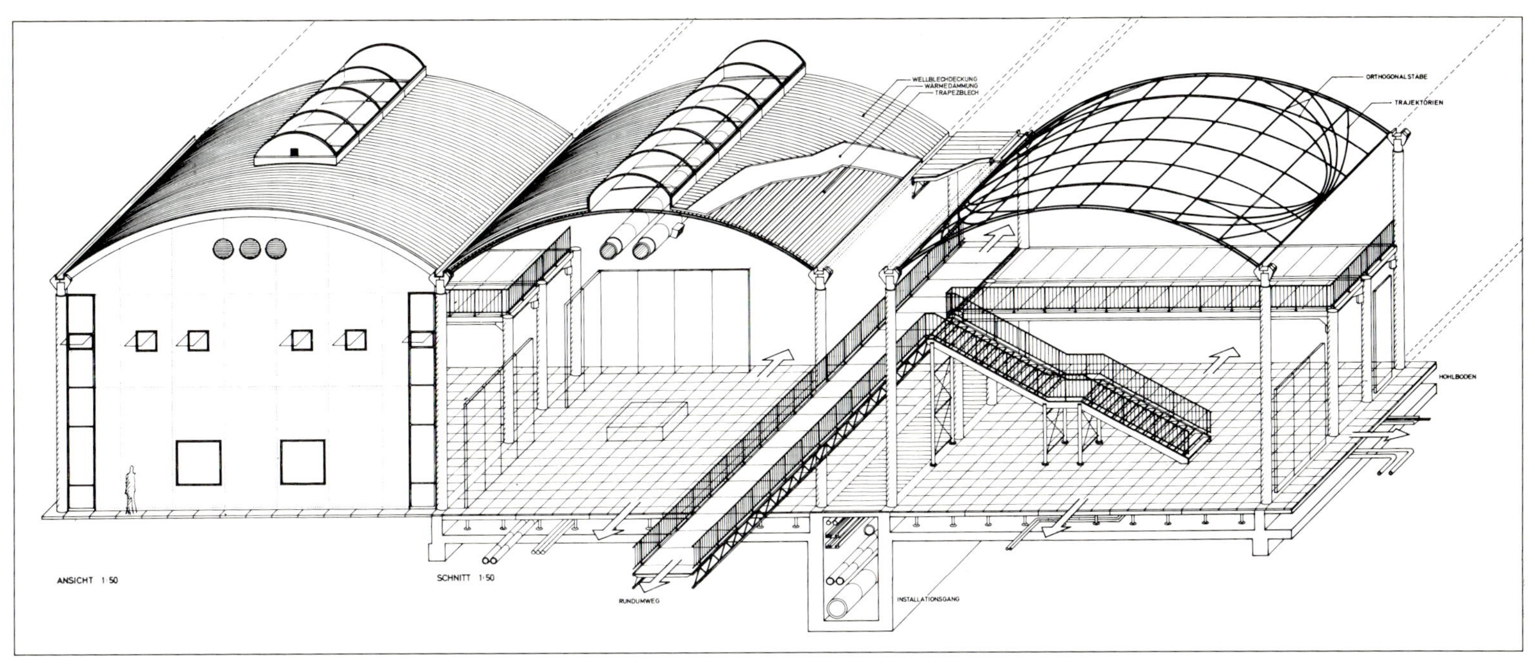

WELLBLECHDECKUNG
WÄRMEDÄMMUNG
TRAPEZBLECH
ORTHOGONAL STÄBE
TRAJEKTÖRIEN
HOHLBODEN
ANSICHT 1:50
SCHNITT 1:50
RUNDUMWEG
INSTALLATIONSGANG

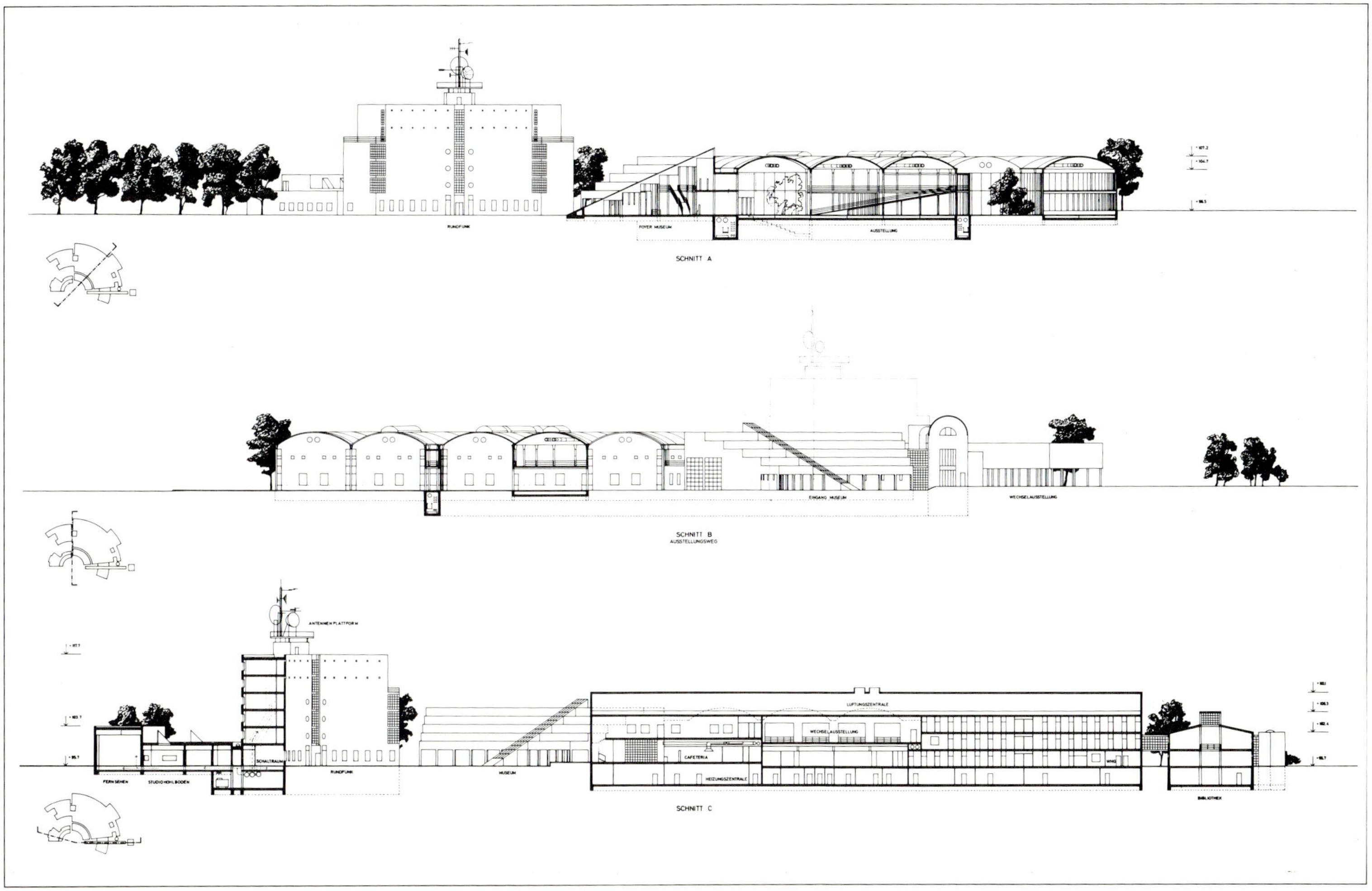

RUNDFUNK
FOYER MUSEUM
AUSSTELLUNG
SCHNITT A
EINGANG MUSEUM
WECHSELAUSSTELLUNG
SCHNITT B
AUSSTELLUNGSWEG
ANTENNENPLATTFORM
LÜFTUNGSZENTRALE
WECHSELAUSSTELLUNG
CAFETERIA
HEIZUNGSZENTRALE
MUSEUM
RUNDFUNK
SCHALTRAUM
FERNSEHEN
STUDIO HOHLBODEN
BIBLIOTHEK
SCHNITT C

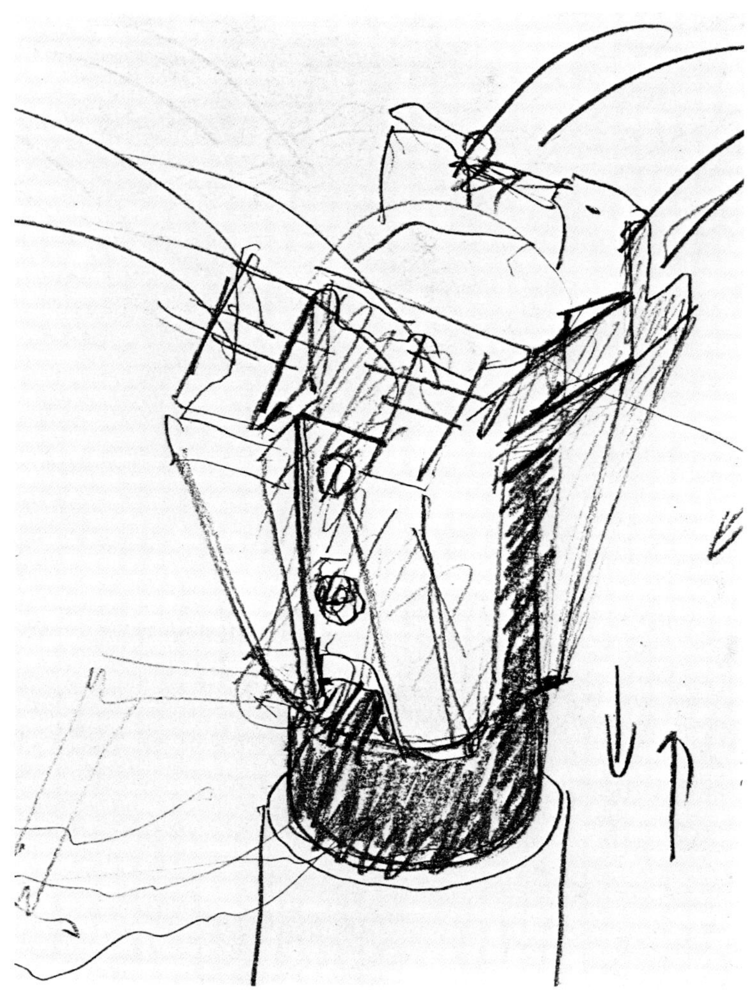

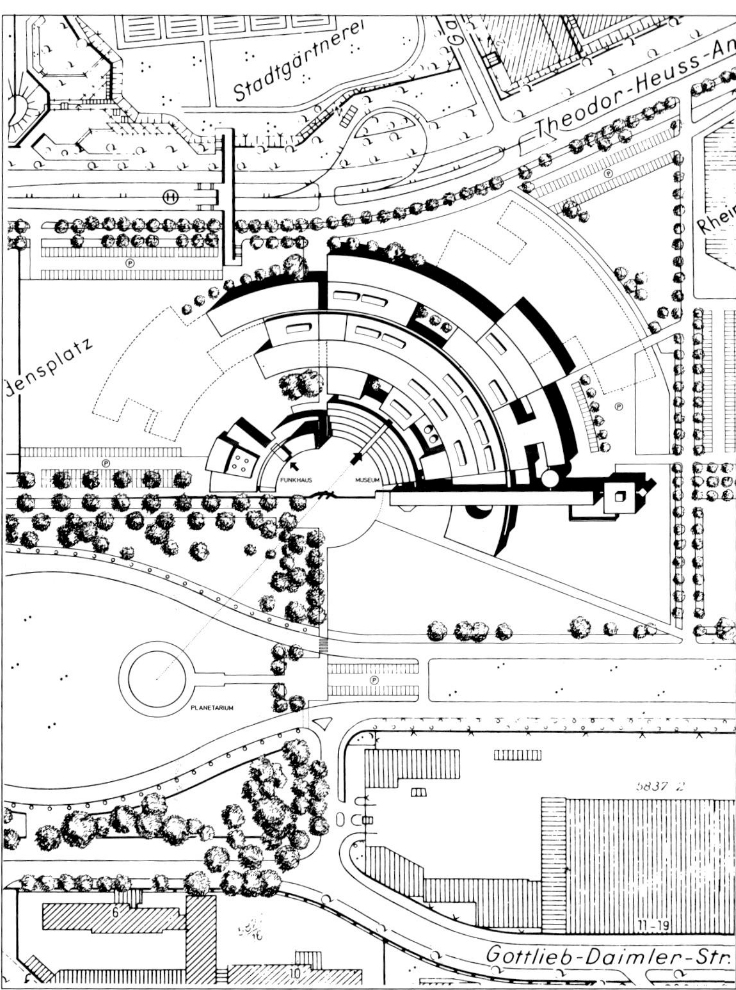

Stadtgärtnerei
Theodor-Heuss-An...
Rhei...
Jensplatz
FUNKHAUS
MUSEUM
PLANETARIUM
5837 2
11 - 19
Gottlieb-Daimler-Str.

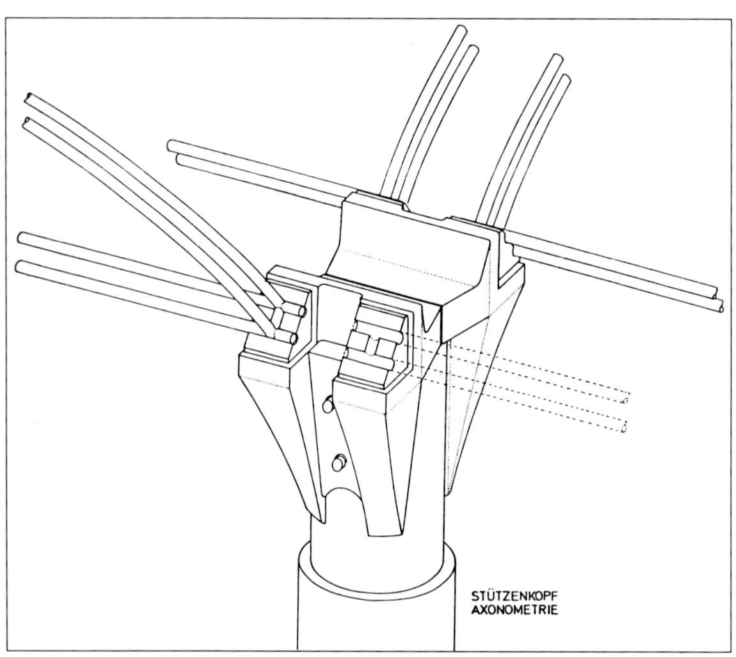

STÜTZENKOPF
AXONOMETRIE

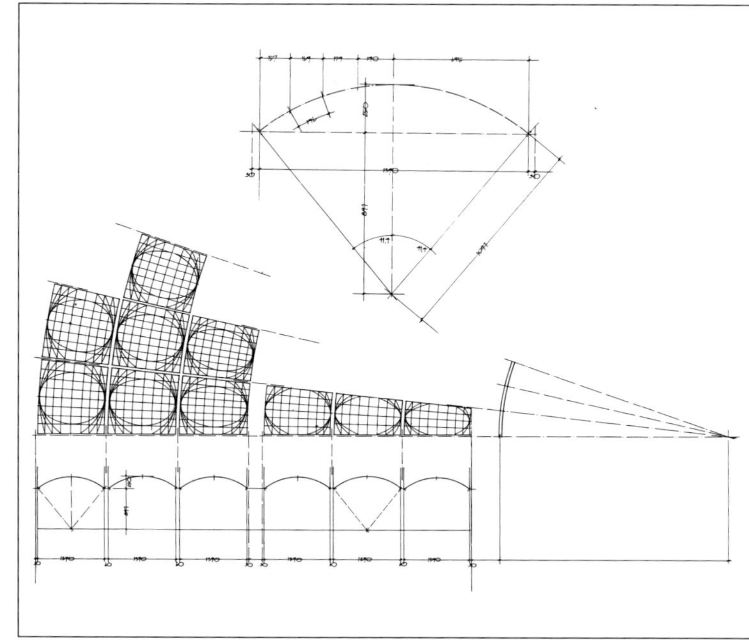

Detalle de un soporte, emplazamiento, estudio geo-
métrico, plantas y maqueta

*Detail of a support, site plan, geometrical study, plans
and model*

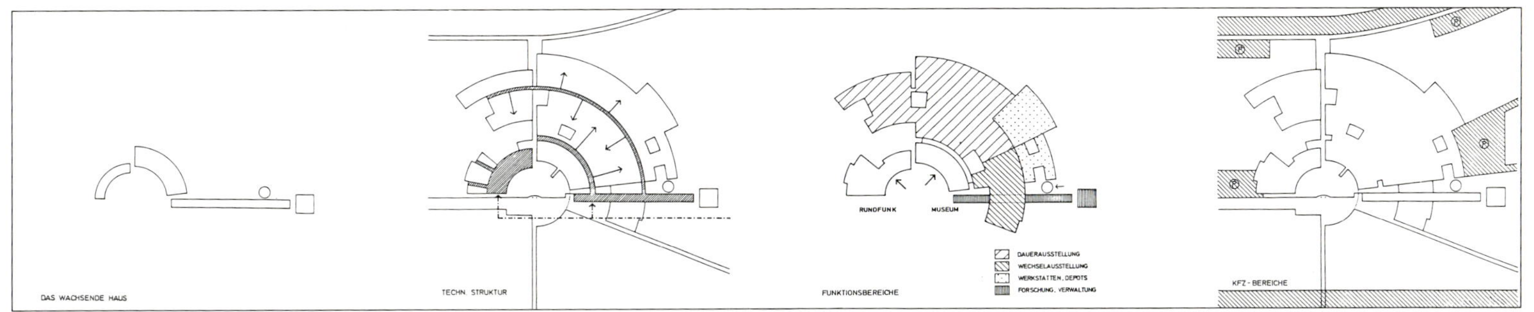

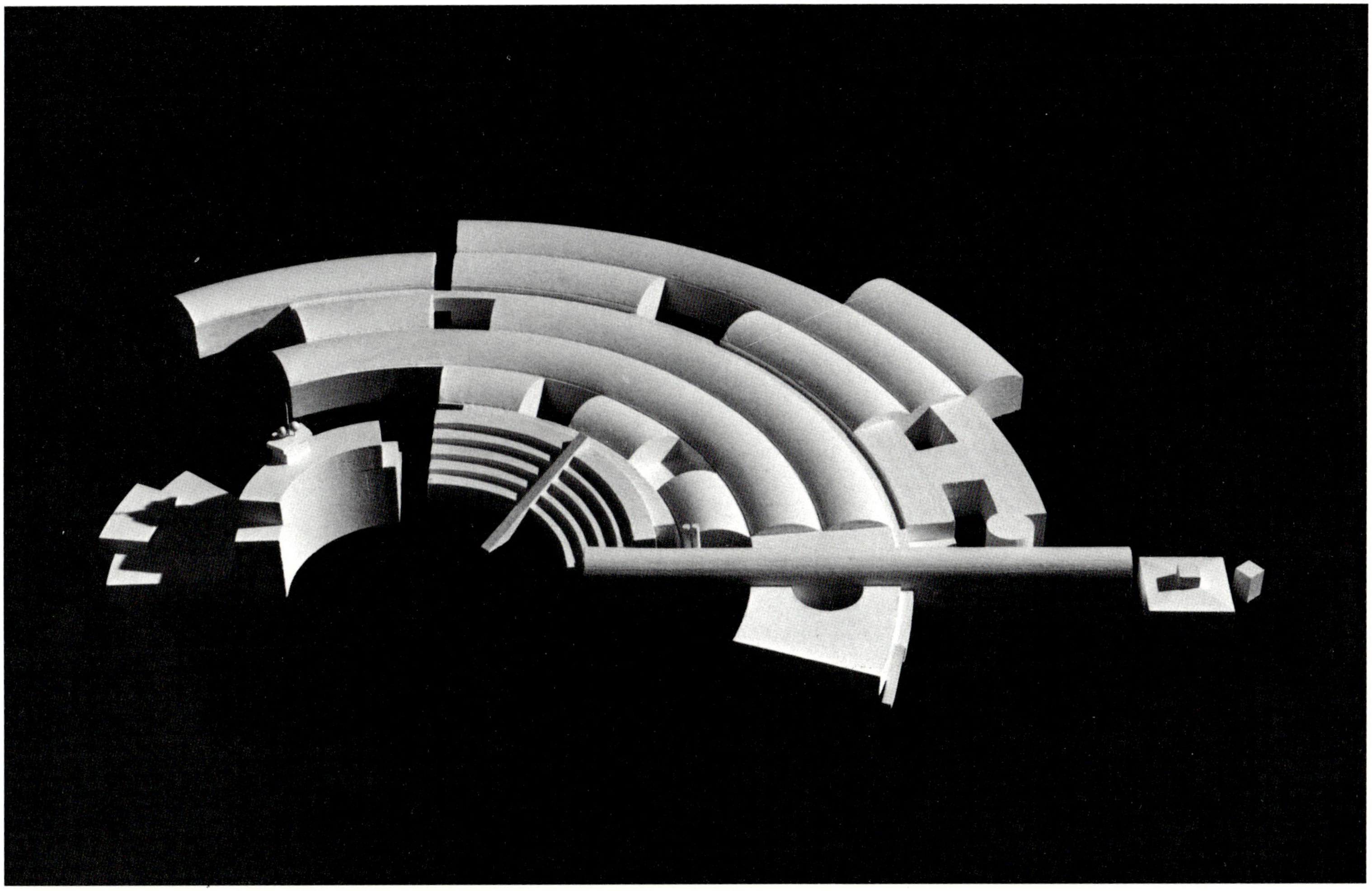

Un escenario para el Papa en Heldenplatz, Viena

En septiembre de 1983, en ocasión de la celebración del día de los católicos austríacos se preparó, en Viena, la visita del papa Juan Pablo II. Al arquitecto y profesor Gustav Peichl se le encargó la adecuación de la Heldenplatz para dicha celebración.

El conjunto arquitectónico de la Heldenplatz sólo puede constituir el "fondo", delante del cual se colocó "la figura", de una manera nueva, independiente y con libertad de movimiento. La idea de esta representación fue la de poner, de modo apropiado, un especial acento en la historia de las distintas cosas del entorno y, de este modo, darlas a conocer.

En el podio en forma de pirámide se colocó la estatua ecuestre del príncipe Eugenio como referencia histórica. Una pantalla de gran tamaño reflejó "los acontecimientos de la plaza" e ilustró la función. La pantalla se trató como si se tratase de un retablo, pero no de un retablo en el sentido antiguo de la representación simbólica de santos lejanos, sino como la imagen de un nuevo simbolismo eclesiástico, muy actual.

Design for the Papal visit at Heldenplatz, Vienna

The visit of Pope John Paul to Vienna in September 1983 was the occasion for a celebration amongst Austrian Catholics. The architect and tutor Gustav Peichl was commissioned with the adaptation of Heldenplatz for this event.

The architectonic complex of Heldenplatz was merely the "setting", in front of which was placed the "figure", in a new and independant manner allowing freedom of movement. The idea of this representation was to emphasise, in an appropriate way, the history of the different elements of the surroundings, and thus, make them known.

The equestrian statue of Prince Eugene was placed on the pyramidal podium as an historical reference. A large screen presented "the events of the square" and illustrated the function. The screen was treated as an altarpiece, but not in the traditional sense of symbolically representing distant saints, rather as the image of a new and contemporary ecclesiastical symbolism.

Bocetos, maqueta, perspectiva y vistas del montaje

Sketches, model, perspective, and views of the construction

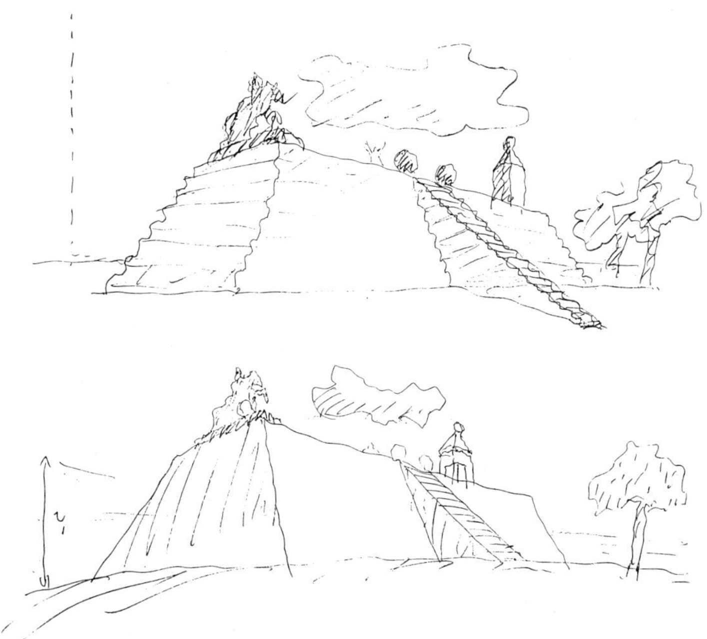

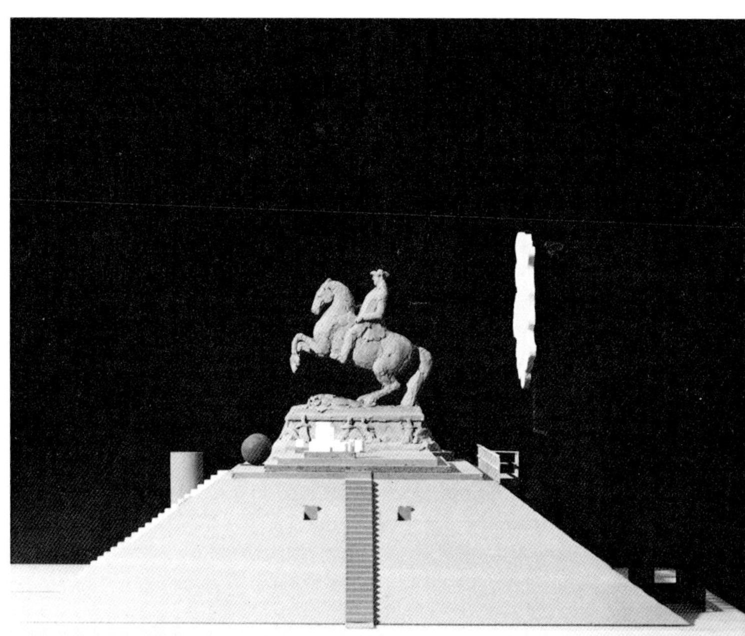

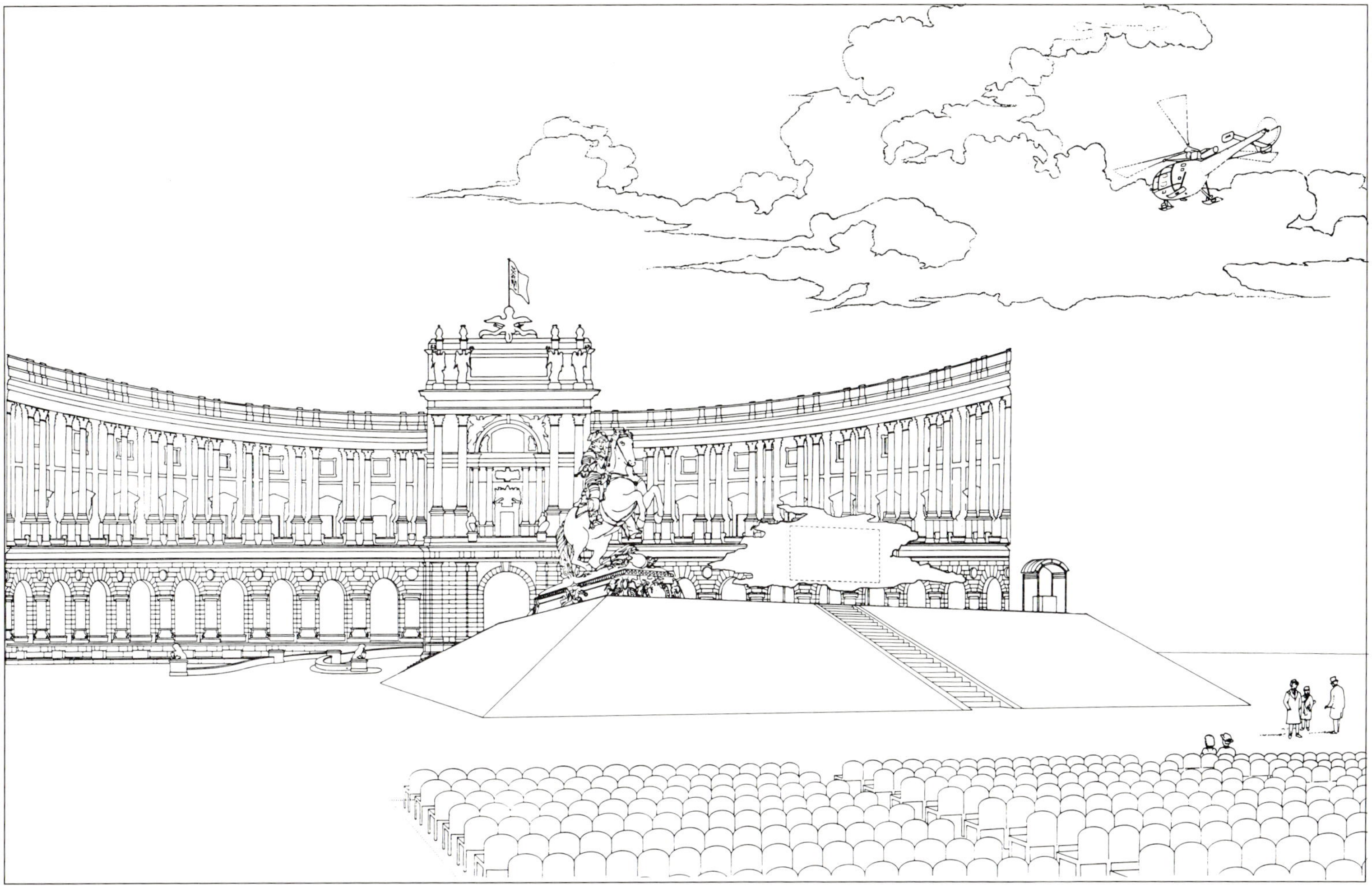

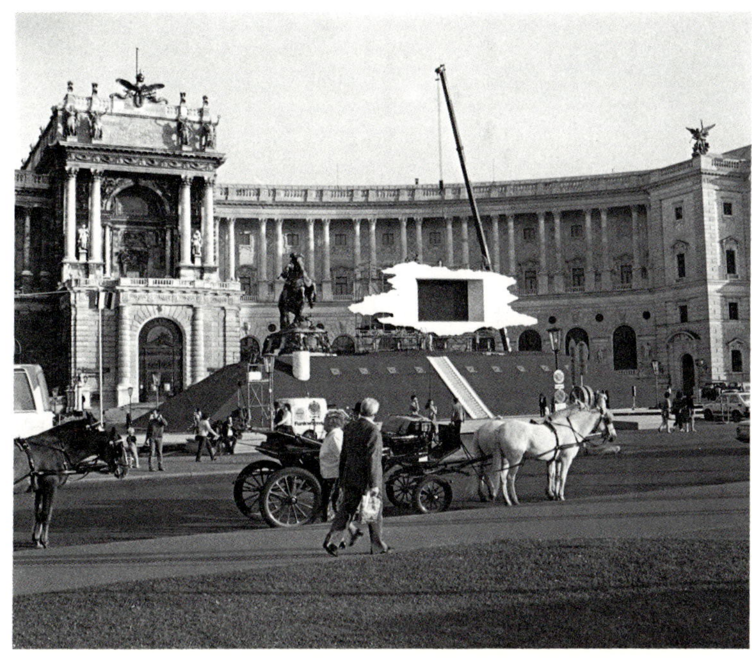

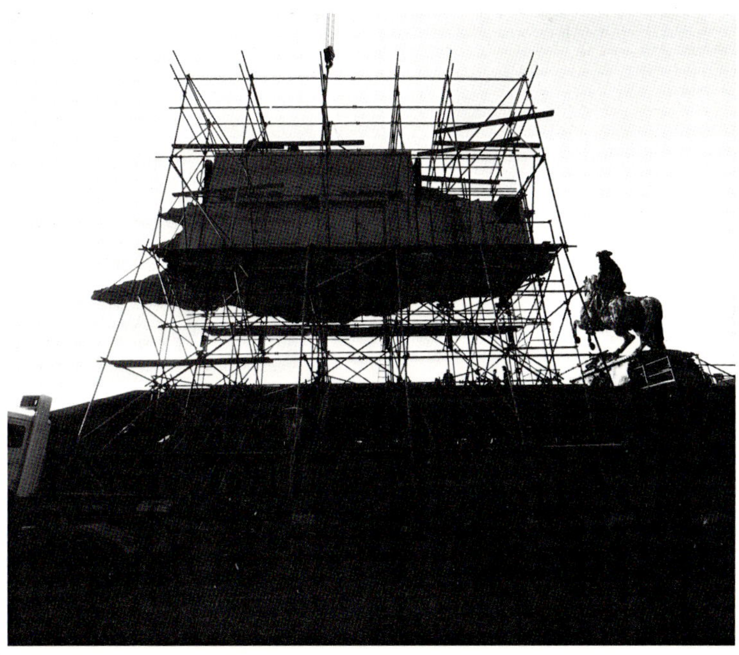

Edificio de viviendas en Schlossstrasse, Berlín

Apartment block in Schlossstrasse, Berlin

Este edificio de 6 plantas está pensado como cierre de una gran edificación aislada entre la Karolinenstrasse (Berlinerstrasse) y la Schlosstrasse en dirección hacia Waidmannslusterdamm y hace chaflán con la zona verde alrededor del Nordgraben entre los nuevos edificios debidos a la eliminación de los fosfatos y la Karolinenstrasse.

Se trata de un edificio plurifuncional. En la planta baja se prevén los locales destinados a industrias y comercios, un centro de gimnasia deportiva y una cafetería. Las plantas –de la primera a la sexta– están destinadas a un total de 50 viviendas. Cada vivienda puede tener una superficie que va de 45 m² (vivienda de 1 habitación y media) hasta 110 m² (vivienda de 5 habitaciones). La mayoría, sin embargo, son viviendas de tres habitaciones con una superficie de 75 a 80 m². La superficie total útil de las plantas, incluyendo las terrazas es de 3.850 m² y el espacio ocupado por las obras es de 17.150 m³.

This six-storey building is considered as the completion of a large isolated area of construction between Karolinenstrasse (Berlinerstrasse) and Schlosstrasse in the direction of Waldmannslusterdamm, forming a chamfer with the green area around Nordgraben between the new phosphate elimination plant and Karolinenstrasse.

The aim was to provide a multi-functional building. On the ground floor, industrial and commercial units, a sports centre and a cafeteria; on the other five floors, a total of fifty apartments with an area of between 45 m² (one and a half bedrooms) and 110 m² (five bedrooms). The majority are three bedroom flats with an area of 75 to 80 m². The total net area of the building, including the terraces, is 3,850 m² and the total volume occupied is 17,150 m³.

Estudios de implantación urbana, maqueta y axonometría seccionada

Urban studies, model and exploded axonometric

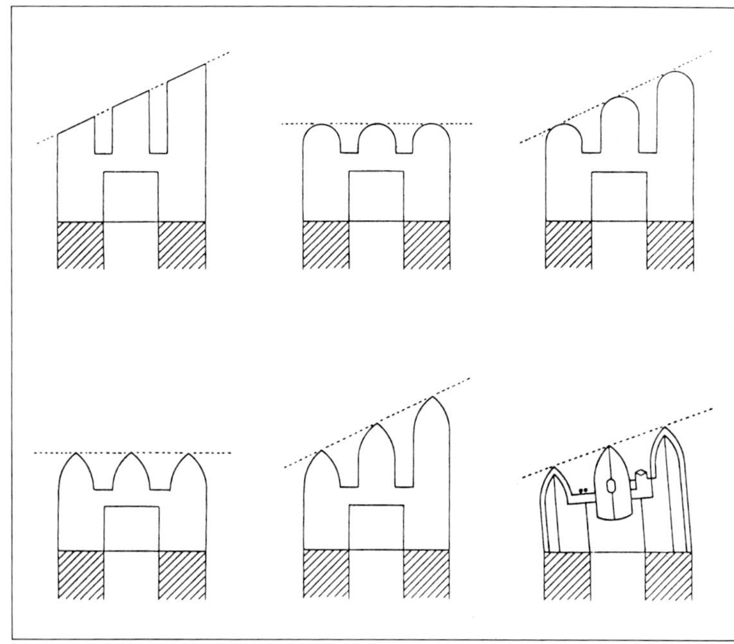

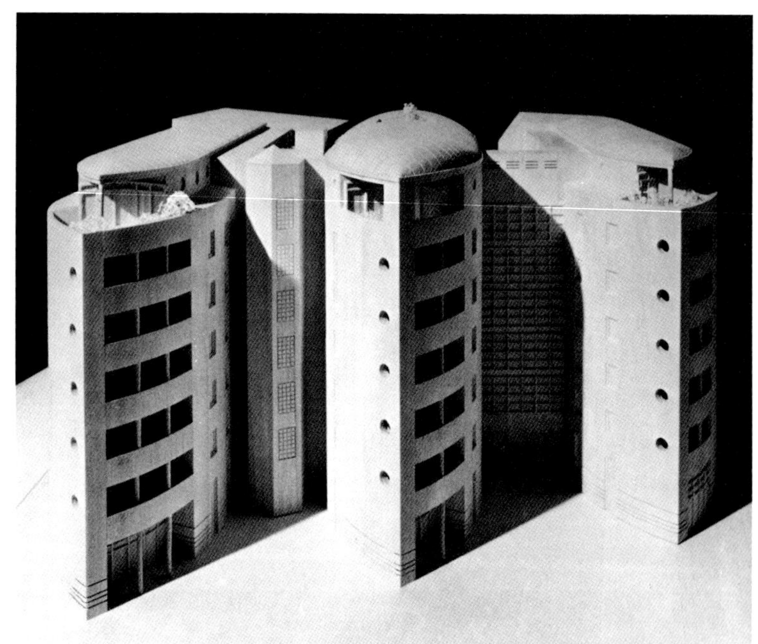

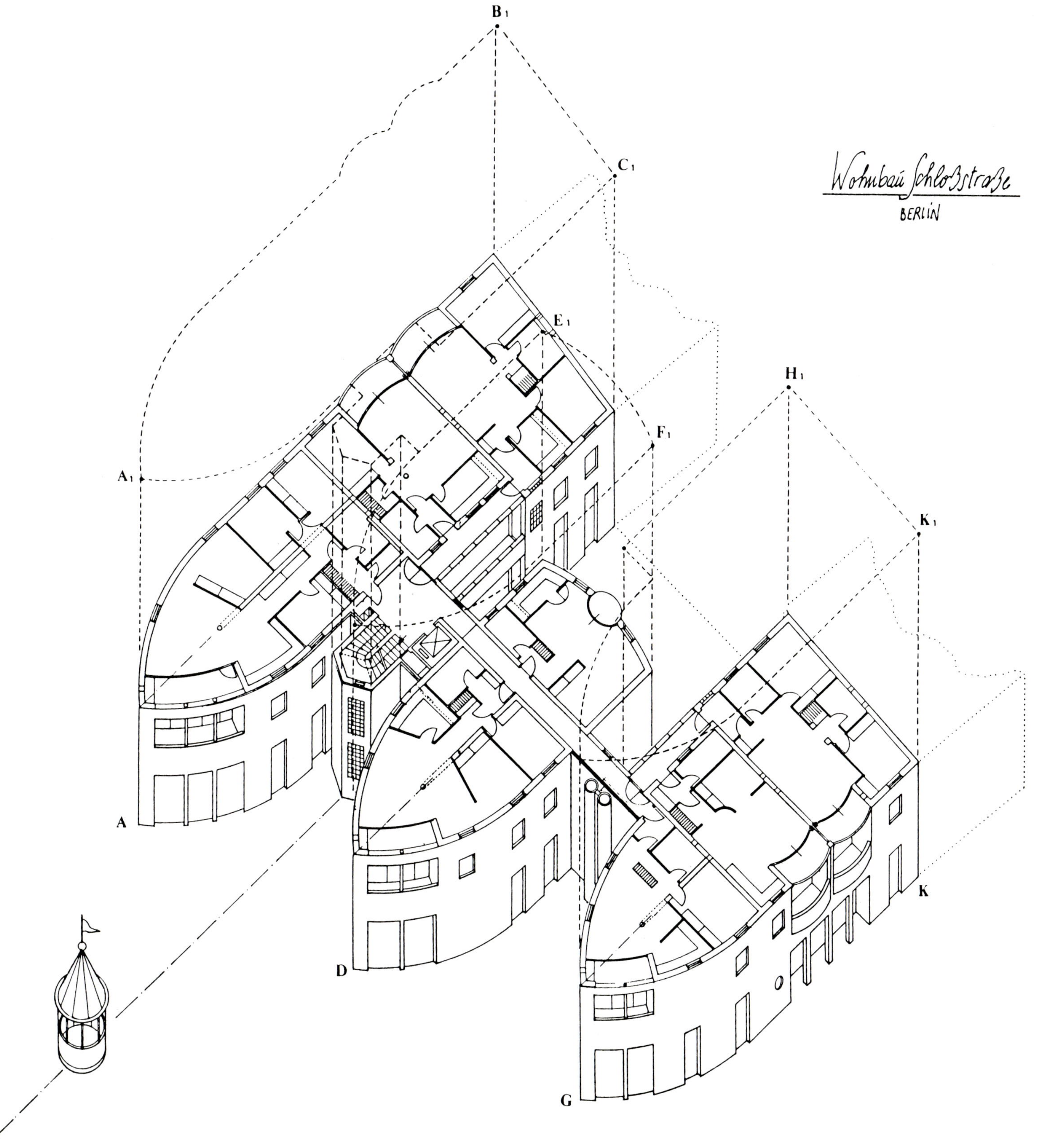

Wohnbau Schloßstraße
BERLIN
A₁
B₁
C₁
E₁
F₁
H₁
K₁
A
D
G
K

"Landvilla", Wienerberg

En el lado norte del plan parcial "Wienerberg", en la parcela número 3, se construyeron diez edificios de planta cuadrada, de tres plantas de altura. Cada uno de estos edificios contiene viviendas con sus respectivos espacios comunitarios:

2 planta tipo A de 36 m², 4 planta tipo B de 55 a 63 m², 5 planta tipo C de 75 m² y 1 planta tipo D de 95 m².

La entrada de la casa, siempre situada en el lado norte, desemboca en un pasillo que trazando una diagonal, acoge la caja de escalera en el centro del cuadrado (19 x 19 m).

La construcción se realizó de forma convencional, utilizando fábrica de ladrillo, revocos y pintura de distintos colores. Las ventanas de madera, balcones y porches, varían según la orientación.

"Landvilla", Wienerberg

Then three storey buildings of square plan were erected on the north side of the partially planned "Wienerberg". Each building houses twelve apartments with their appropriate communal spaces:

2 of plan type A (36 m²), 4 of plan type B (63 m²), 5 of plan type C (75 m²), 1 of plan type D (95 m²).

The entrance to each block is situated on the north, leading onto a corridor which traces a diagonal and meets the stairwell in the centre of the square (19 x 19 m).

The construction was carried out in a conventional manner, using as external materials: brick, render and paint of different colours. The timber windows, balconies and porches vary according to their location.

Alzado y axonometría

Elevation and axonometric

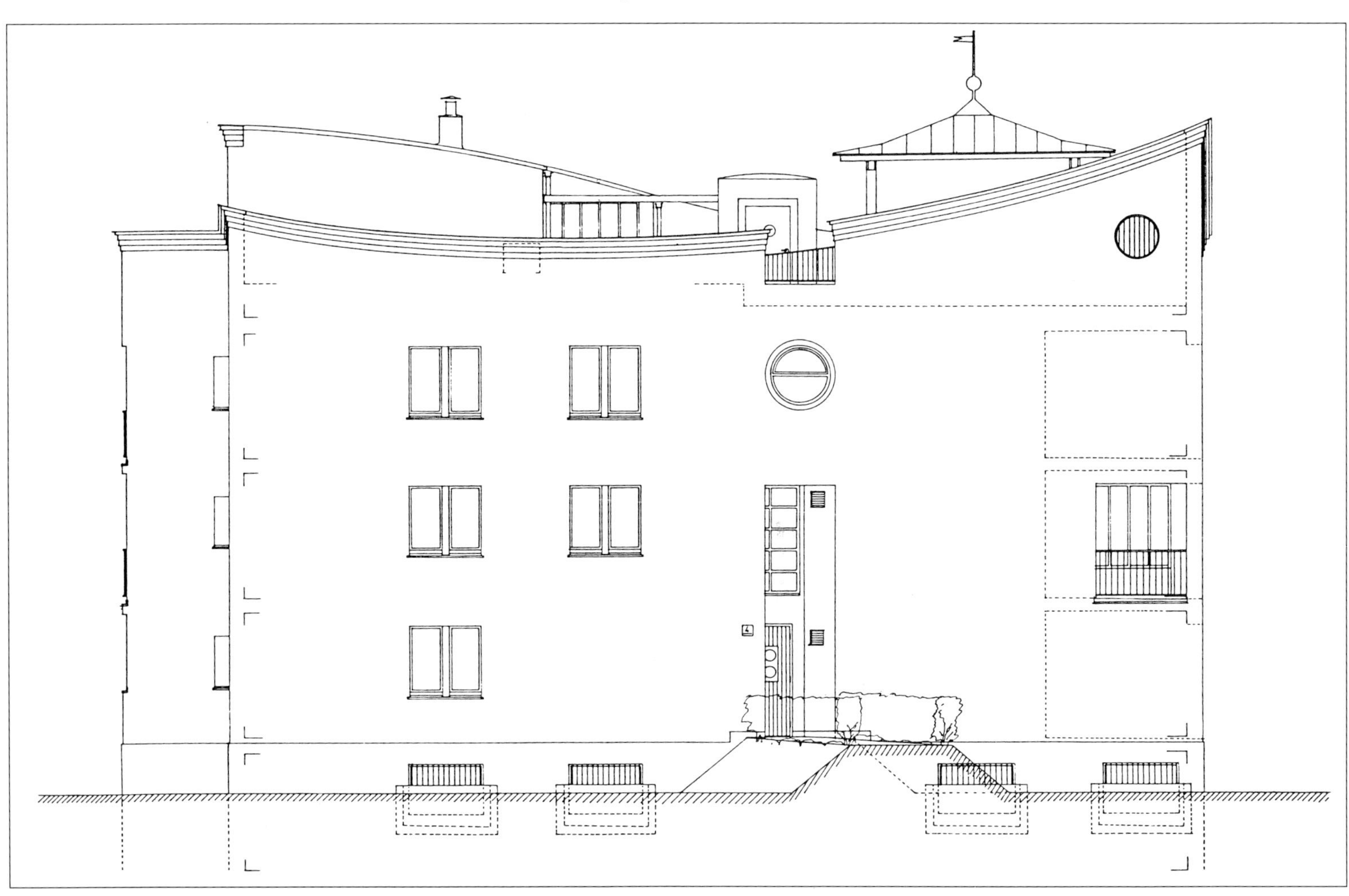

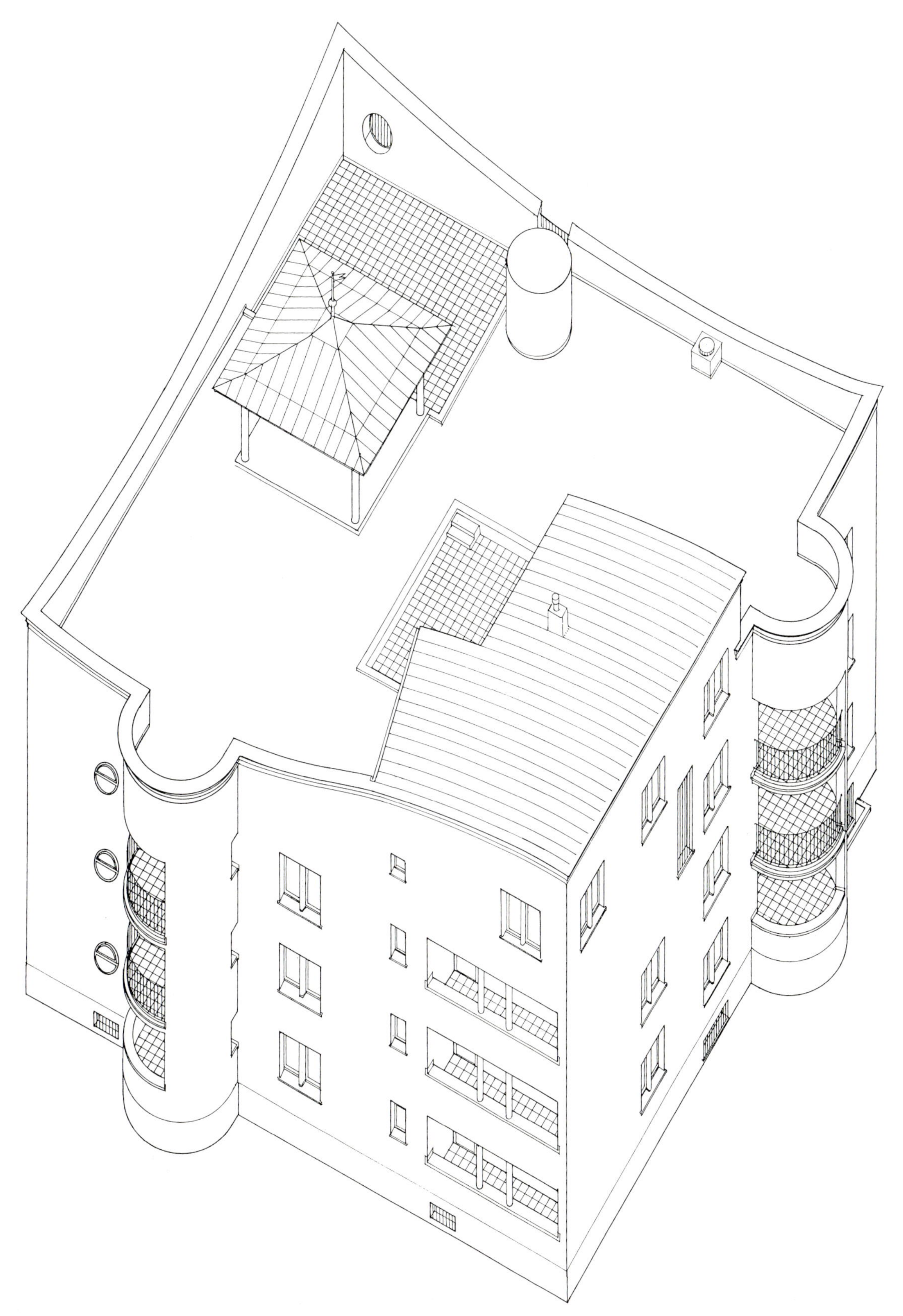

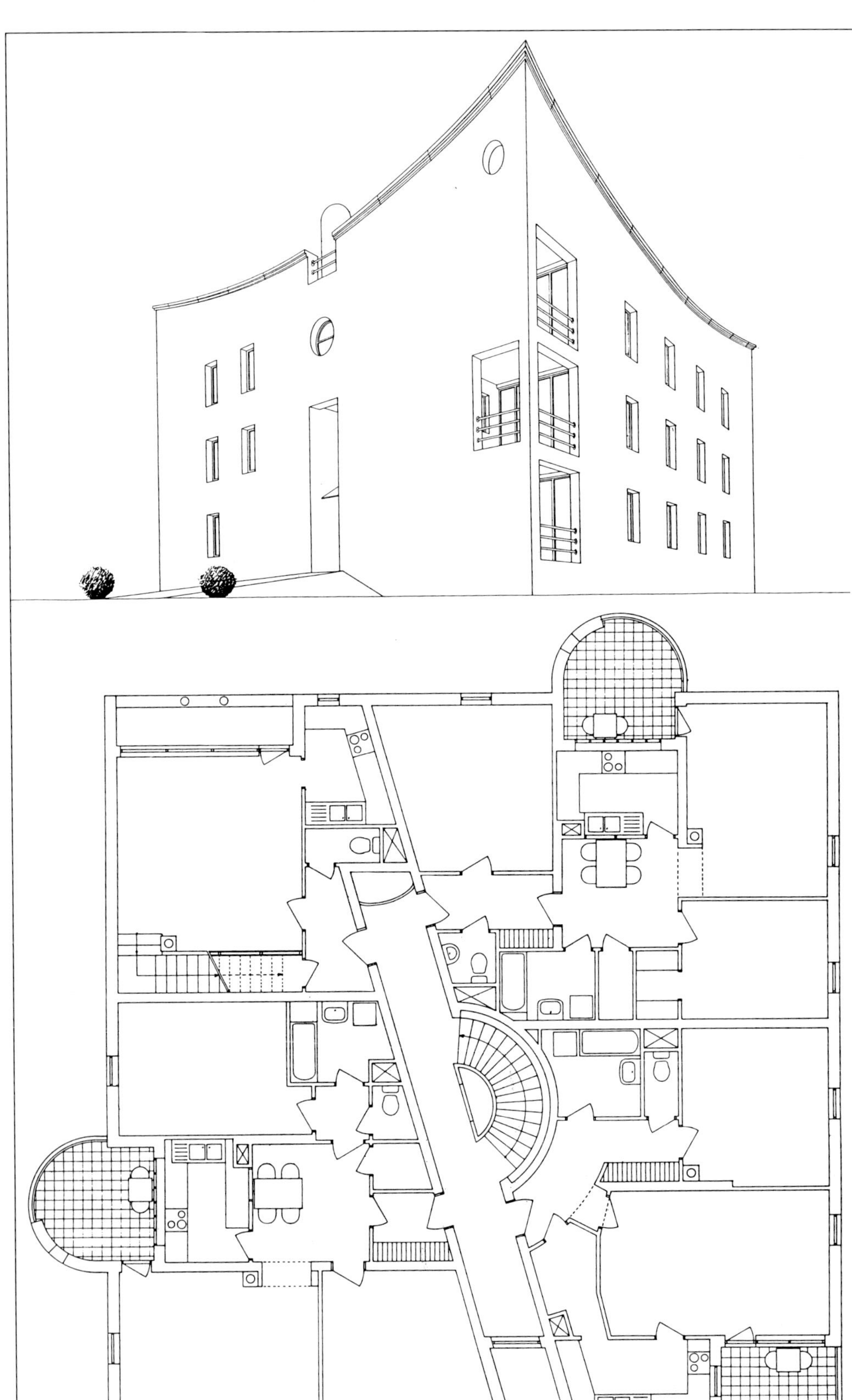

Perspectiva, planta y axonometría seccionada

Perspective, plan and exploded axonometric

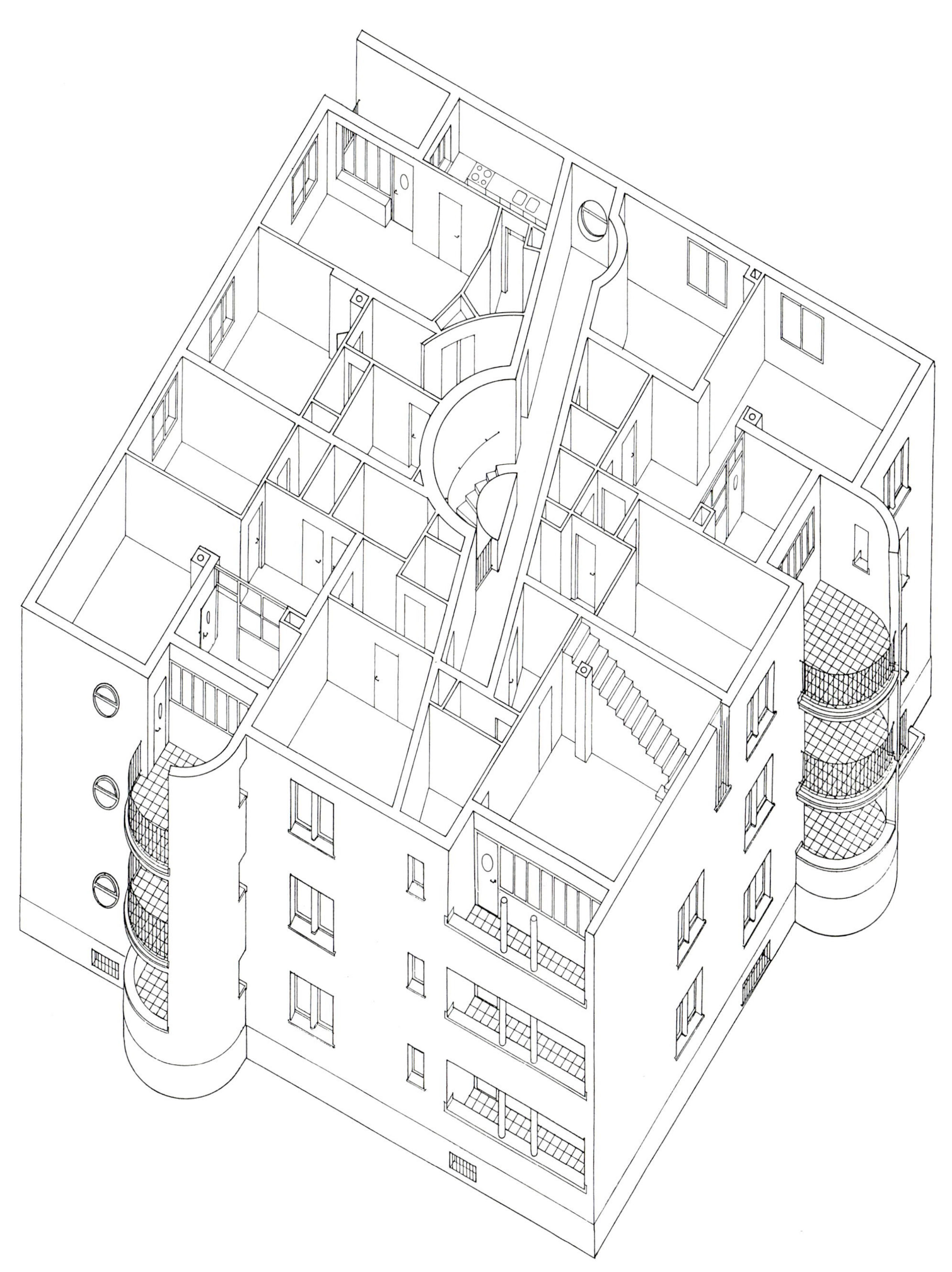

City-Turm en Ballindamm / Alstertor, Hamburgo

En el cruce Ballindamm-Alstertor, junto a la Binnenalster, se levanta un *signo atractivo*, un hito en forma de torre, de 50 metros de altura, visible desde diferentes puntos de la ciudad.

Esta torre de la "City" sirve como símbolo visual y soporte para "un anuncio publicitario". La torre, con sus plataformas, sus ascensores en el centro del edificio y las escaleras apoyándose en las paredes exteriores, representa –para el visitante y para el comprador– un reclamo comercial, artístico y publicitario.

Como se aprecia en las ilustraciones se construyó un gran espacio para exposiciones en los márgenes del río, a lo largo del Ballindamm, cuya cubierta constituye una ampliación del paseo existente. Esta propuesta de nuevas superficies para exposiciones completa las posibilidades de utilización de la torre, que ofrece, además, varias panorámicas sobre la cuidad. Esta torre, extremadamente afilada, puede convertirse en una referencia permanente de la vida espiritual de Hamburgo.

City-Turm in Ballindamm / Alstertor, Hamburg

A landmark was erected at the crossroads of Ballindamm and Alstertor, close to the Binnenalster, in the form of a 50 m tower, visible from various parts of the city. This "City" tower is both the support and visual symbol of "an advertisment".

The tower, with its platforms, the lifts centrally placed and the stairs resting on the external walls, represents, for both the visitor and the buyer, a commercial, artistic and advertising attraction.

As can be seen in the illustrations, a large square for exhibitions was constructed on the banks of the river, along the Ballindamm, whose roof acts as an extension to the existing walkway. This proposal of a new exhibition space extends the possible uses of the tower, which offers, in addition, a panoramic view of the city. This very tapered tower could become a permanent reference point on Hamburgs skyline.

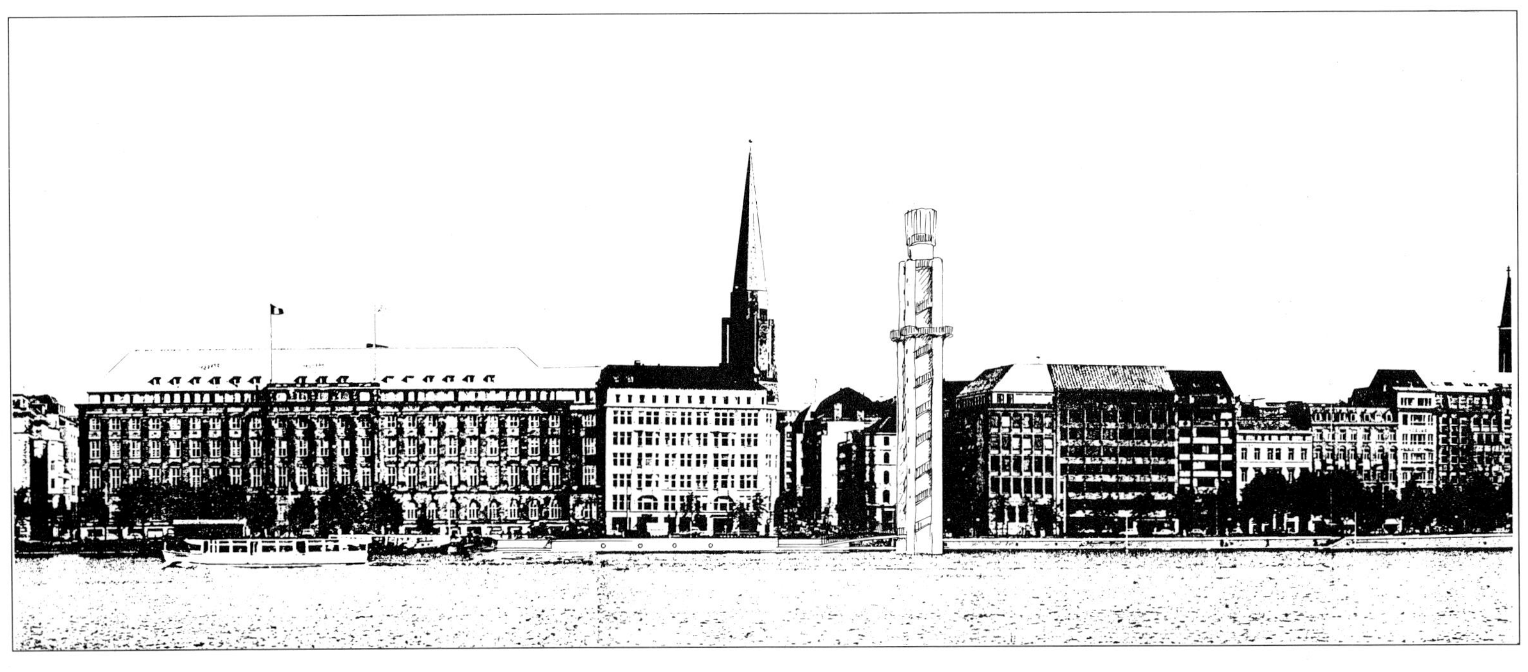

Fotomontajes, emplazamiento, perspectiva, plantas
y alzado de la torre

*Photomontage, site plan, perspective, plans and ele-
vation of the tower*

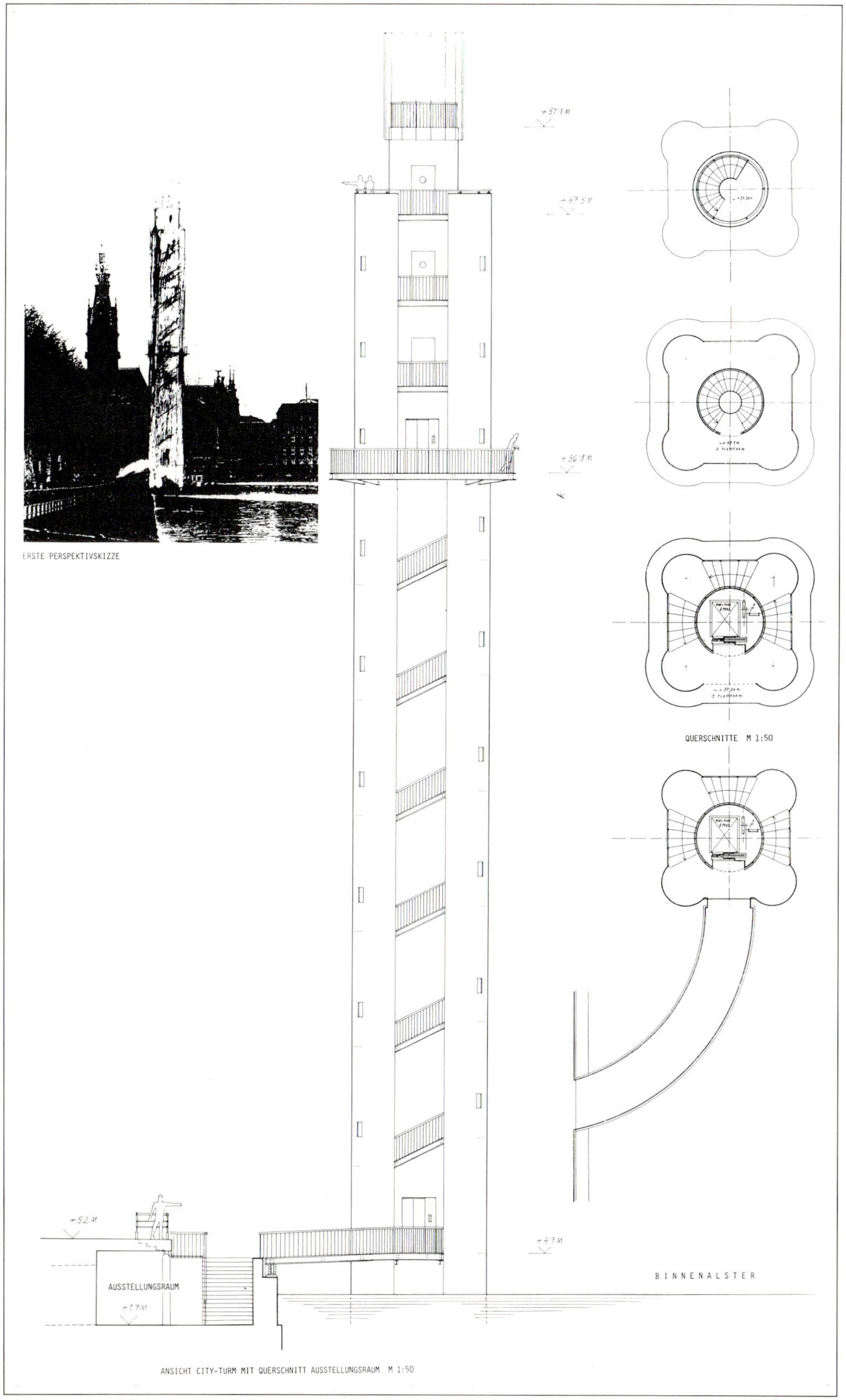

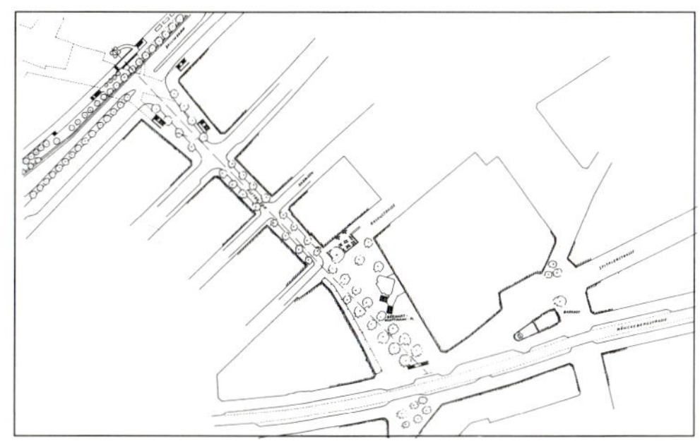

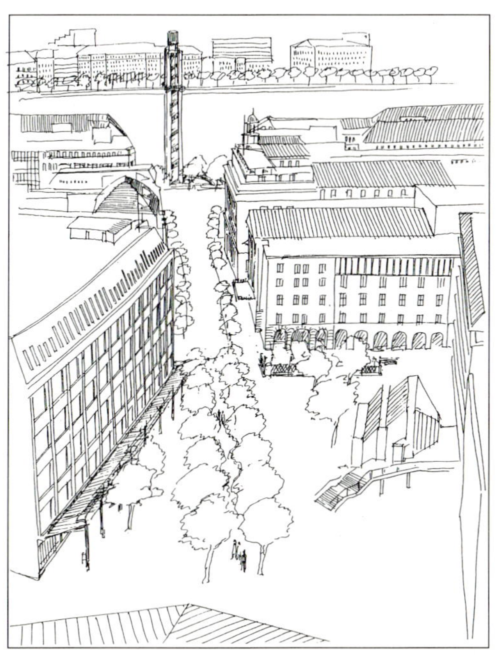

La Puerta de la City "Rialto", Hamburgo

The Gate to the City "Rialto", Hamburg

Las posibilidades constructivas de mejorar de una forma efectiva y atractiva la conexión peatonal de la estación central con la Mönckebergstrasse y la Spitalergasse, concebidas como "Una Puerta de la City", fueron examinadas muy detenidamente. El arquitecto llegó a la conclusión de que la *mejor forma posible* para este enlace era un "paso" tipo *solución-Rialto*.

La propuesta se basa en mejorar la organización del tránsito de la zona de la estación mediante un "paso" que a modo de puente sea comercial, sugerente y atractivo. El paso peatonal subterráneo existente –bajo el Steintorwall y el Glockengiesserwall– constituye sin duda un enlace, pero no se corresponde a la importancia del servicio.

The possibilities of an effective and attractive improvement to the pedestrian link between the Central Station and Mönckebergstrasse and Spitalergasse, conceived as a "gate to the city", were examined very closely. The architect arrived at the conclusion that the best possible form for this link was a Rialto-style "passage".

The proposal is based on improving the organisation of the traffic in the station area, by means of a "passage", which like the Rialto bridge, is commercial, evocative and attractive. The existing underground pedestrian route beneath the Steintorwall and the Glockengiesserwall undoubtedly forms a connection, but does not correspond to the importance of the thoroughfare.

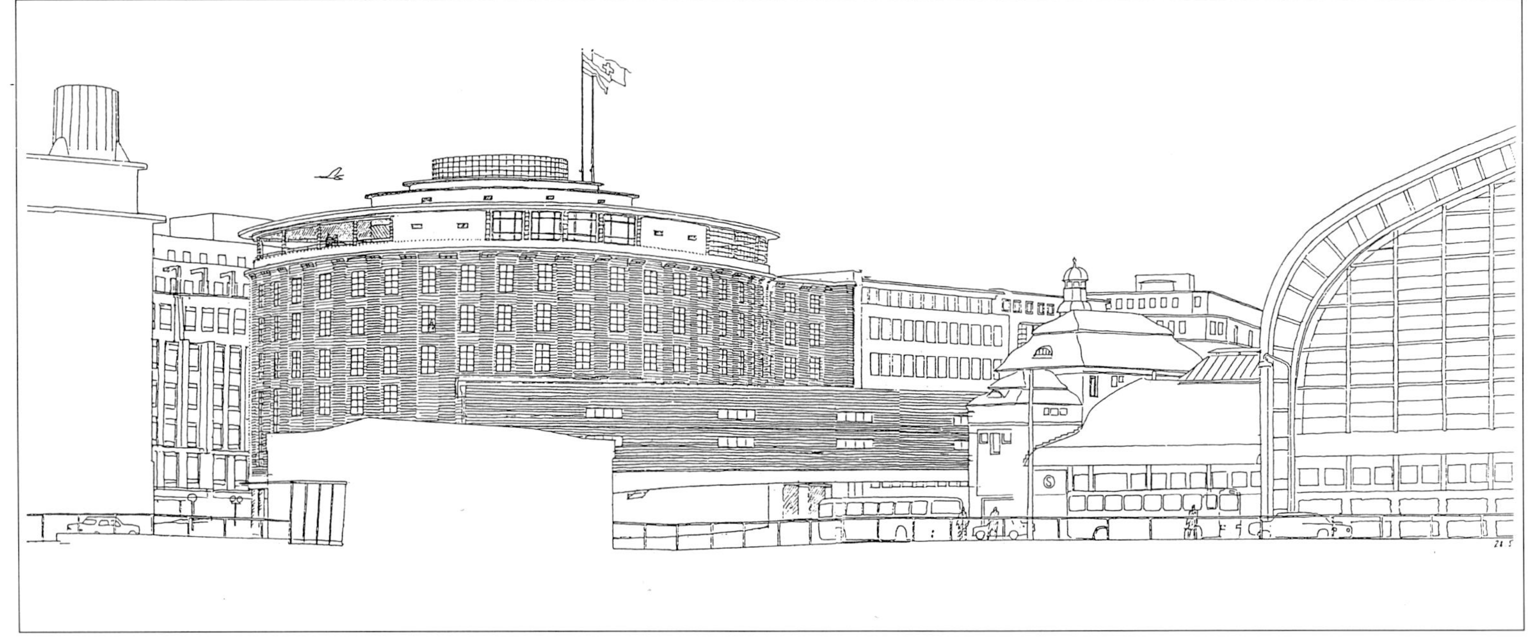

Perspectiva, plantas y sección

Perspective, plans and section

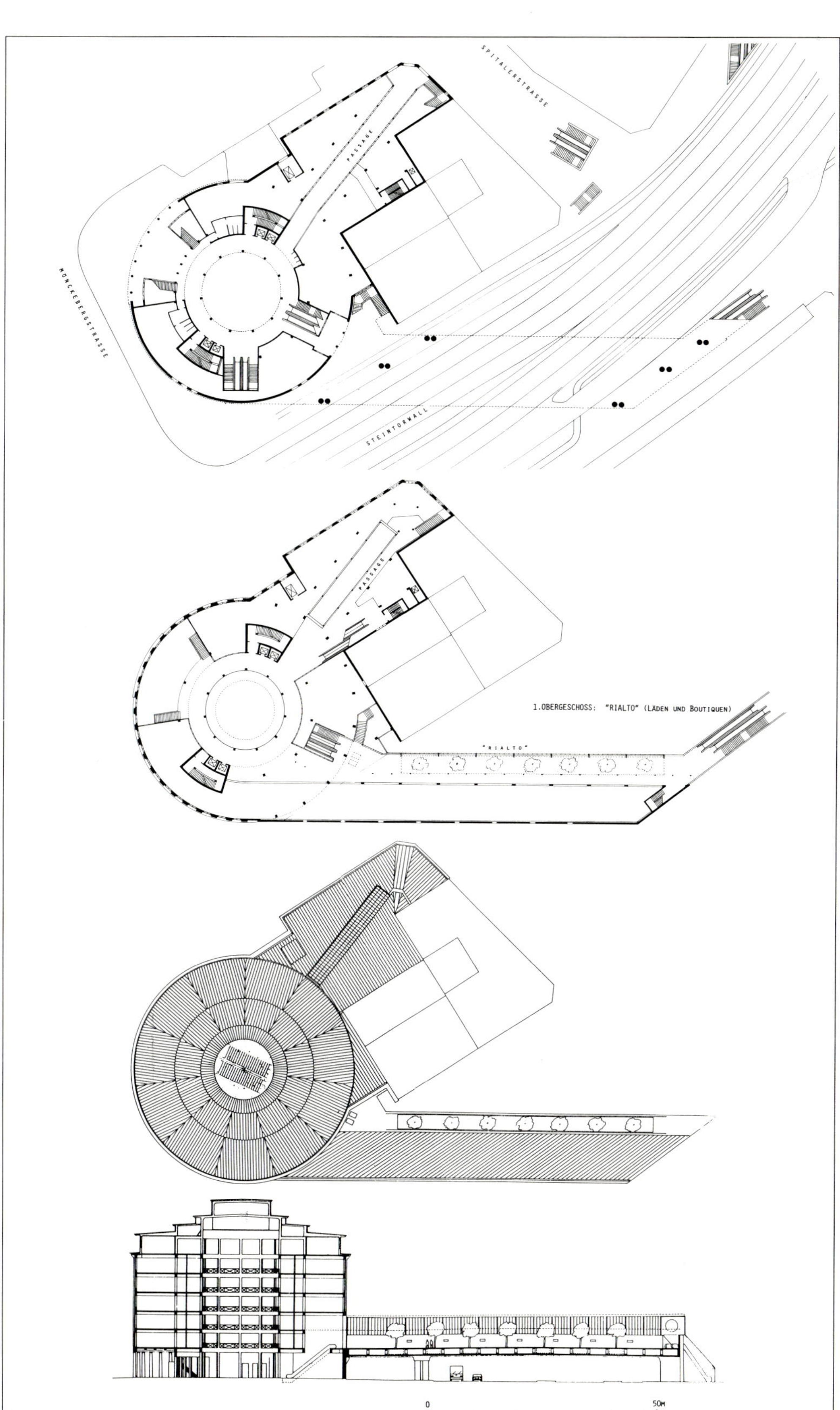

Nuevo Centro Tecnológico en la zona Pirelli Bicocca en Milán

A esta zona al norte de Milán fundada en 1872 por Giovanni Battista Pirelli se le asigna el papel de escenario de futuros cambios ya sea en el uso del suelo como en el contexto urbanístico. Actualmente, de los 714.035 m² totales se han urbanizado 372.385.

A mediados de la década de los setenta la zona Pirelli Bicocca tuvo que hacer frente a ciertas medidas radicales que supusieron el traslado de actividades a otros centros, por lo que algunos edificios quedaron en desuso.

A resultas del convenio al que se llegó con el ayuntamiento milanés, éste suministró la información necesaria sobre el futuro uso que se daría a esta zona. Dicho convenio estipulaba la conservación de la actividad industrial en Segnanino y en el *corpo centrale*.

Con arreglo a las necesidades funcionales y al contexto urbano existente, Peichl sugiere también la reestructuración del *corpo centrale* y de la zona de Segnanino. Las nuevas zonas de investigación y desarrollo tienen exigencias funcionales específicas en lo que respecta a circulación y a equipamientos complementarios. La propuesta atiende a la diversidad funcional y resuelve que la estructura urbanística se divida en tres grupos: 1) actividades generales incluidas en un edificio plurifuncional construido alrededor de un parque central; 2) área de renovación con unidades modulares intercambiables y 3) viviendas para técnicos de grado medio y superior.

New Technological Centre in the Pirelli Bicocca area in Milan

This area in the north of Milan, founded in 1872 by Giovanni Battista Pirelli, is given the function of a setting for future changes, such as those now occurring in land use, as well as in the urban context. At present, of the total 714,035 m², 372,385 m² have been urbanised.

In the middle of the 1970's the Pirelli Bicocca area had to face certain radical changes which proposed the transfer of activities to other centres, leaving some buildings in disuse.

Resulting from the agreement reached with the Milanese council, the necessary information about the future use for this zone was supplied. One stipulation of the agreement was the conservation of industrial activity in Segnanino and in the corpo centrale.

In addition to responding to the functional requirements and the urban context, Peichl suggested the restructuring of the corpo centrale *and the Segnanino area. The new research and development zones had very specific functional needs with respect to circulation and infrastructure. The proposal acknowledges the functional diversity and divides the urban structure into three groups: 1) general activities housed in a multifunctional building around a central park, 2) a renewal area with interchangeable modular units, 3) housing for middle and upper level technicians.*

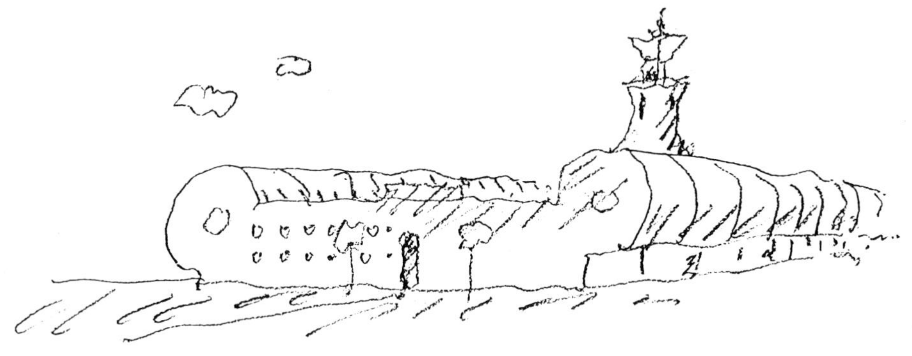

Boceto, axonometría seccionada y plano de situación. Páginas siguientes: Vistas de la maqueta, plantas, sección y perspectivas

Sketch, exploded axonometric and location plan. Following pages: Views of the model, plans, section and perspective

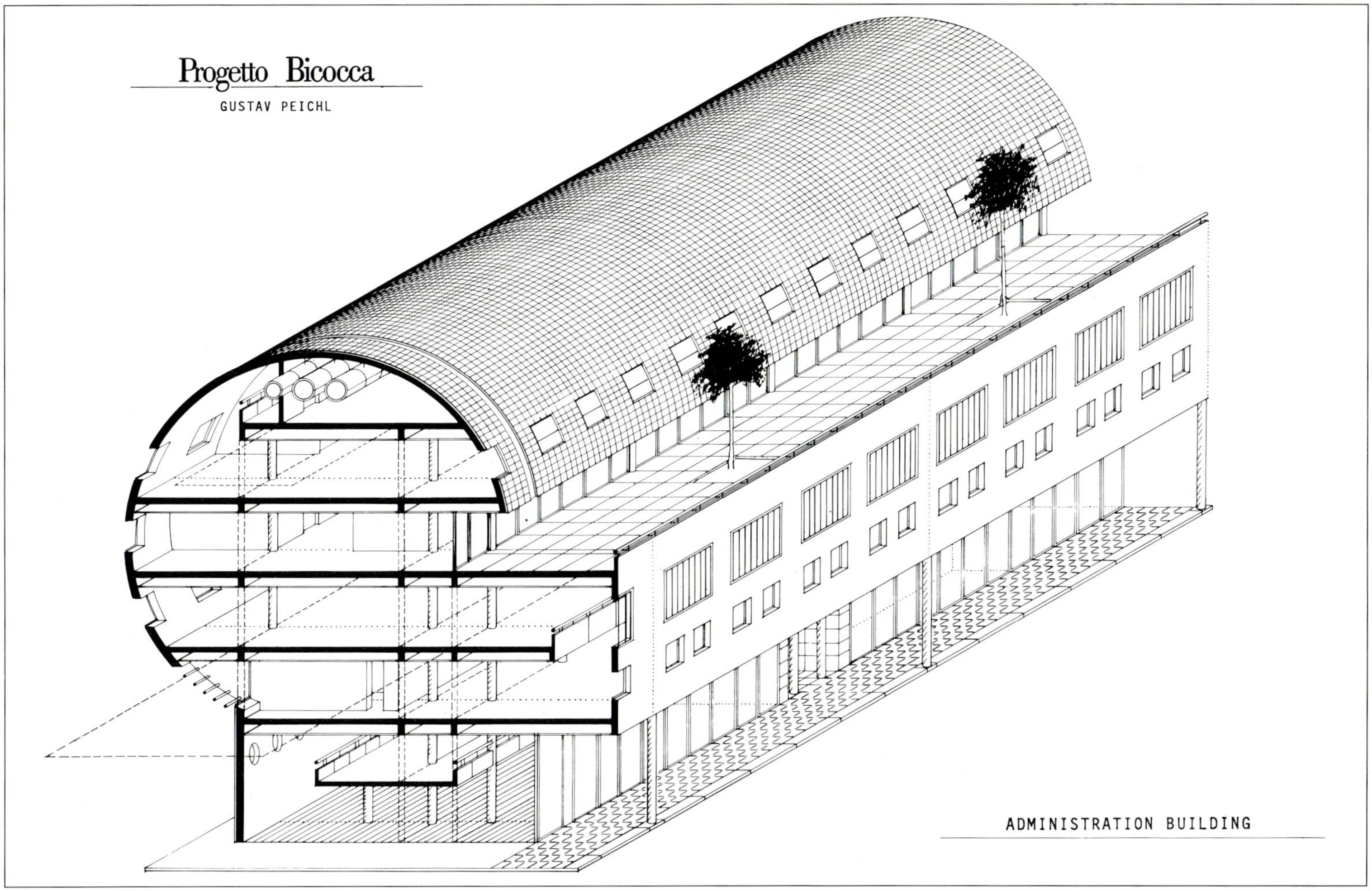

Progetto Bicocca

GUSTAV PEICHL

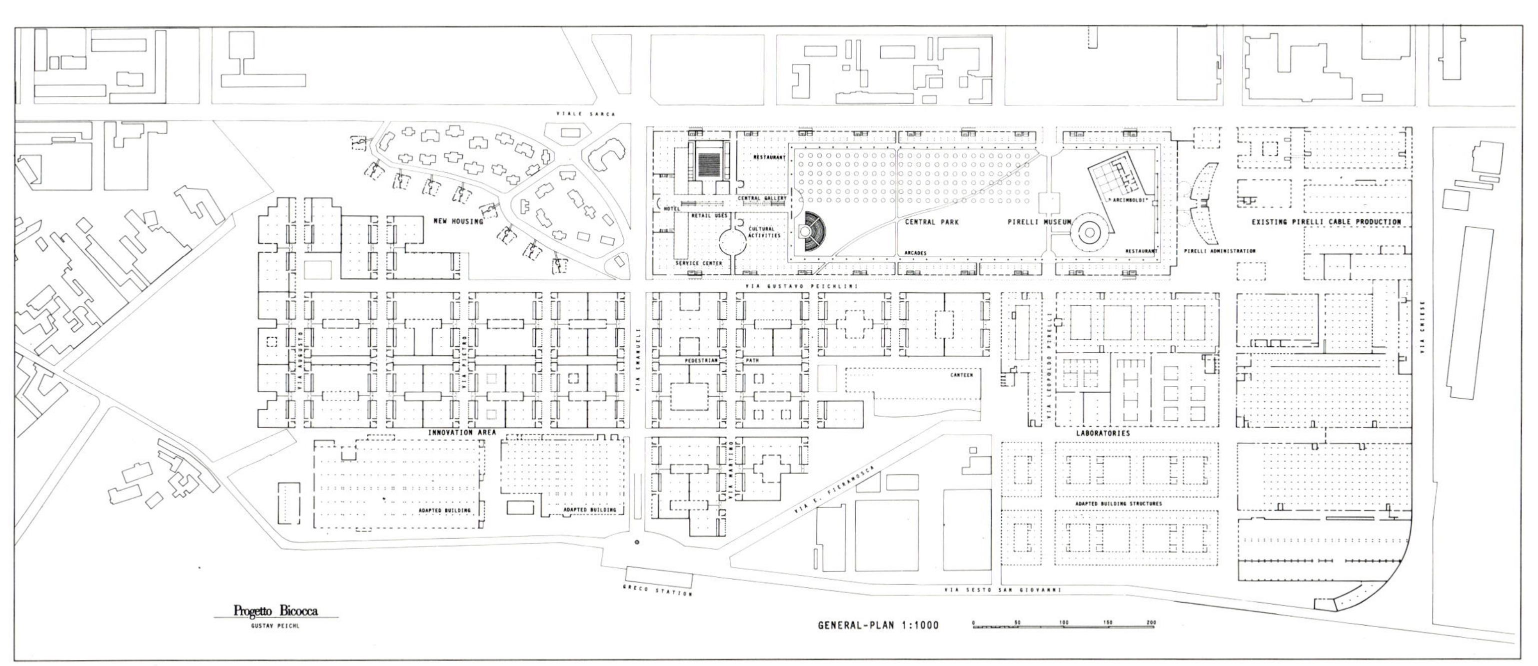

Progetto Bicocca
GUSTAV PEICHL

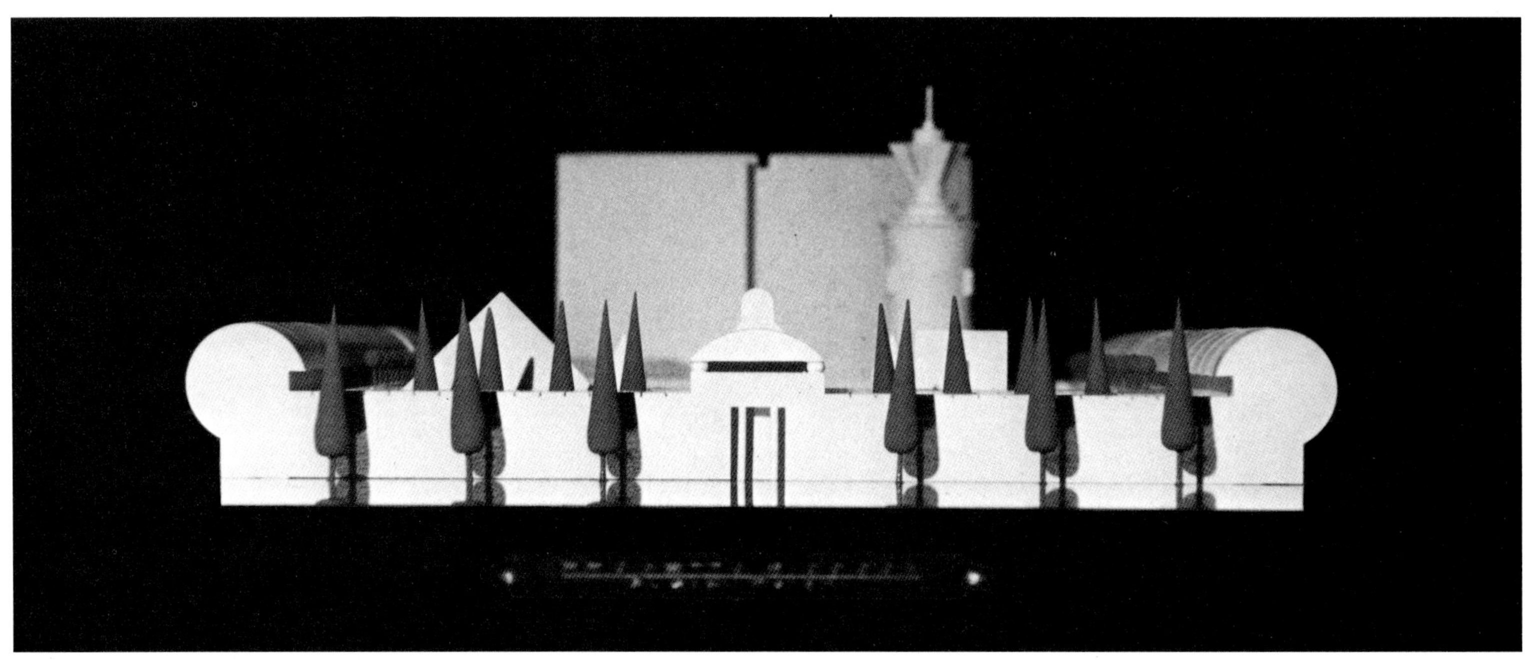

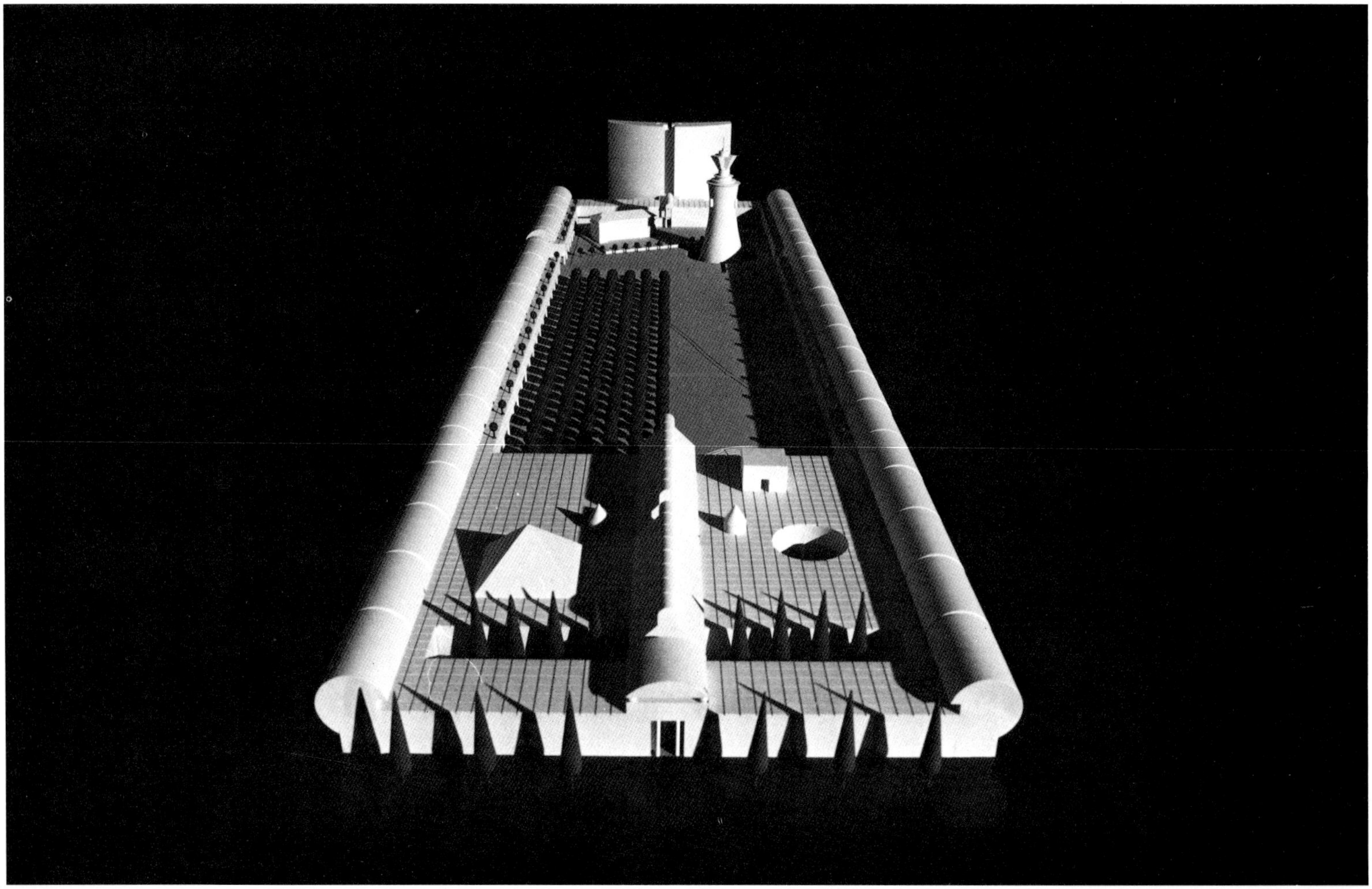

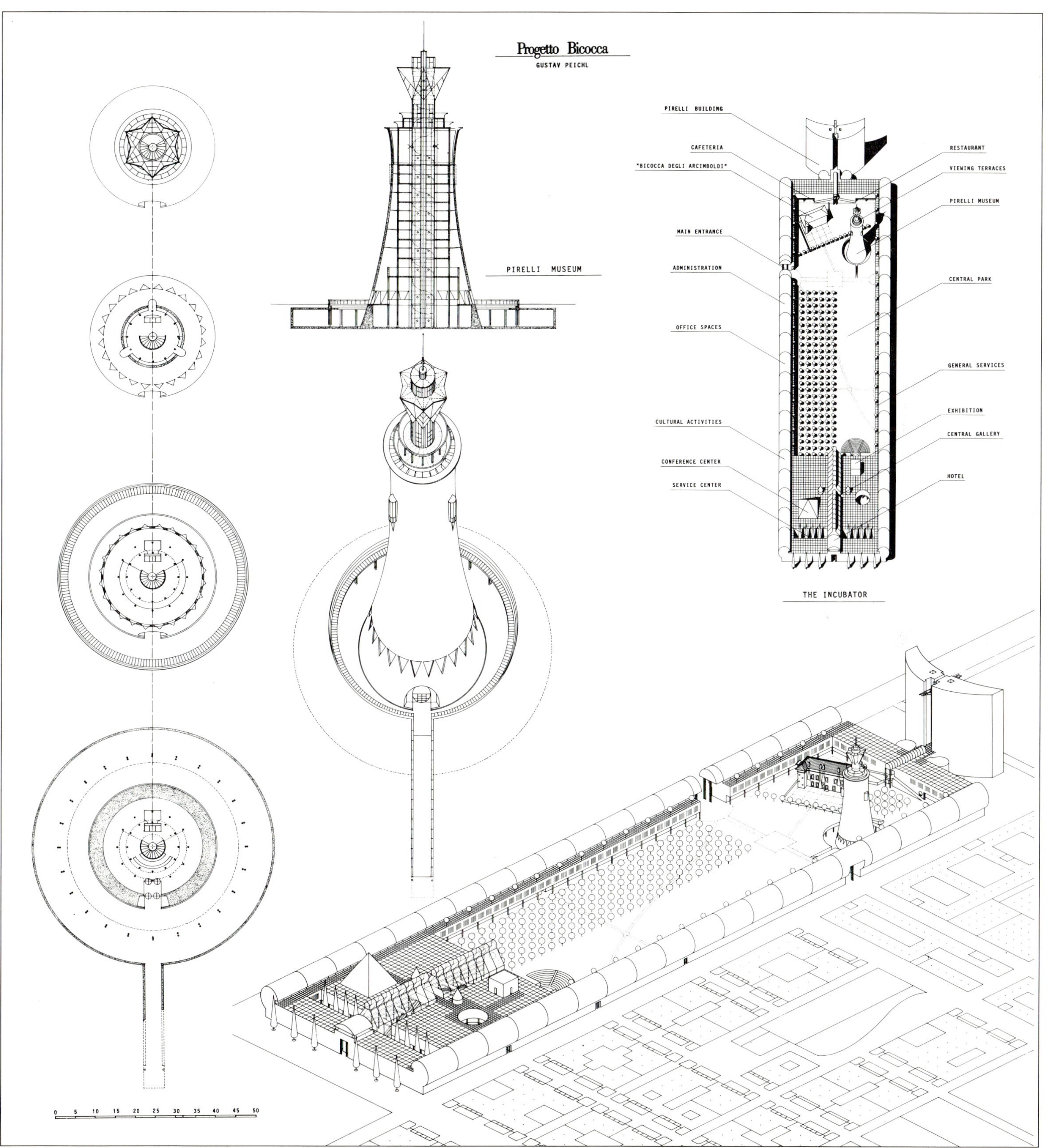

Progetto Bicocca
GUSTAV PEICHL
PIRELLI MUSEUM
PIRELLI BUILDING
CAFETERIA
"BICOCCA DEGLI ARCIMBOLDI"
MAIN ENTRANCE
ADMINISTRATION
OFFICE SPACES
CULTURAL ACTIVITIES
CONFERENCE CENTER
SERVICE CENTER
RESTAURANT
VIEWING TERRACES
PIRELLI MUSEUM
CENTRAL PARK
GENERAL SERVICES
EXHIBITION
CENTRAL GALLERY
HOTEL
THE INCUBATOR
0 5 10 15 20 25 30 35 40 45 50

Centro de Arte y Exposiciones, Bonn   *Art and Exhibition Centre, Bonn*

Con este edificio, el arquitecto quiso crear una obra significativa, un foro de múltiple comunicación y de flexibilidad.

El programa urbanístico advierte que debe tomarse en consideración la severa y ordenada remodelación del vecino museo municipal de arte y el complemento lógico para el nuevo edificio debe recoger una línea perimetral cúbica y precisa.

La configuración del nuevo edificio quiere convertir el lugar en un punto atractivo e inconfundible. Una fisionomía característica, con una construcción muy precisa, con sus tres "torres puntiagudas" han de simbolizar el valor cultural y artístico del lugar.

El jardín para las esculturas tiene la función de dividir el museo del centro de exposiciones y, conjuntamente con el laberinto de las plantas, un espacio para distintas actividades. La solución de esta planta se basa en un *concepto espacial muy flexible*, donde se ofrecen, al mismo tiempo, distintas posibilidades para grandes exposiciones (4000 m²), para exposiciones medianas (700 a 3000 m²) y para pequeñas (100 a 300 m²).

With this building, the architect aimed to create a significative work, a very flexible platform for several modes of communication.

The urban plan *recommended that the harsh, ordered remodelling of the neighbouring Municipal Art Gallery should be taken into consideration, and its logical complement should be cubic and precise in form.*

The layout of the new building *aims to convert the site into an attractive and singular location. A memorable form, with its three pointed towers and very exact construction, symbolises the cultural and artistic significance of the place.*

The sculpture garden *functions as a separation between the museum and the exhibition area, and in conjunction with the maze, as a space for diverse activities. The proposal is based on a* flexible spatial concept *according to which configurations for large (4000 m²), medium (3000 m²) and small (100-300 m²) exhibition spaces are offered simultaneously.*

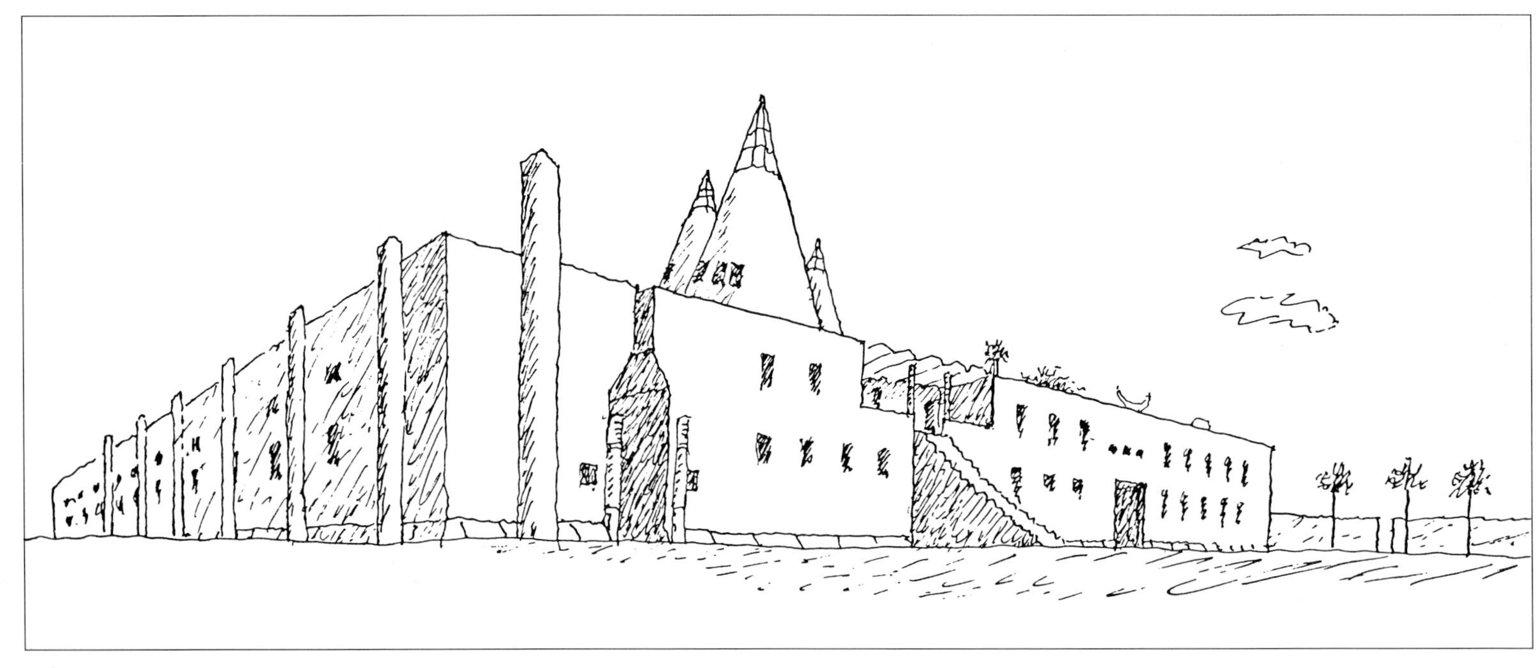

Boceto, alzados, secciones, axonometría y maqueta

Sketch, elevations, sections, axonometric and model

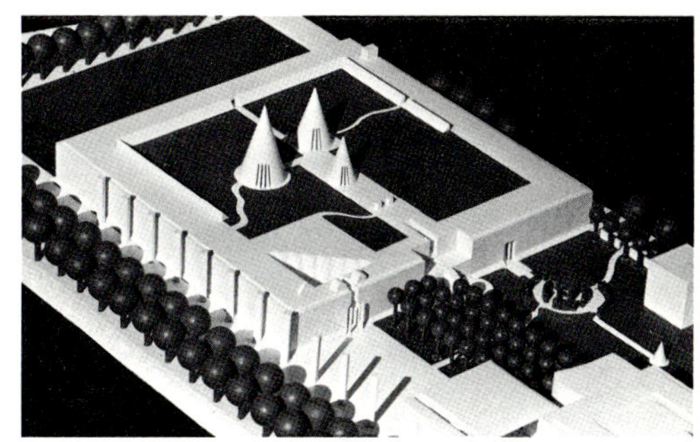

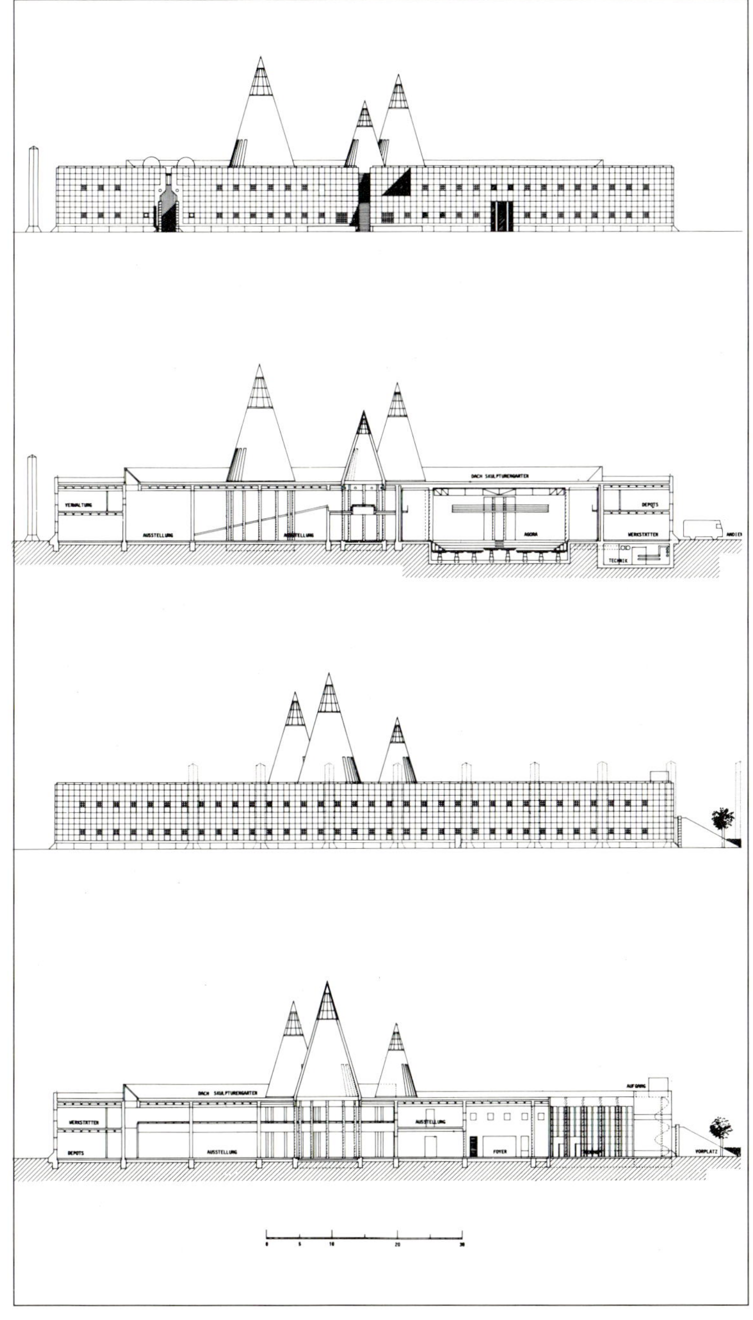

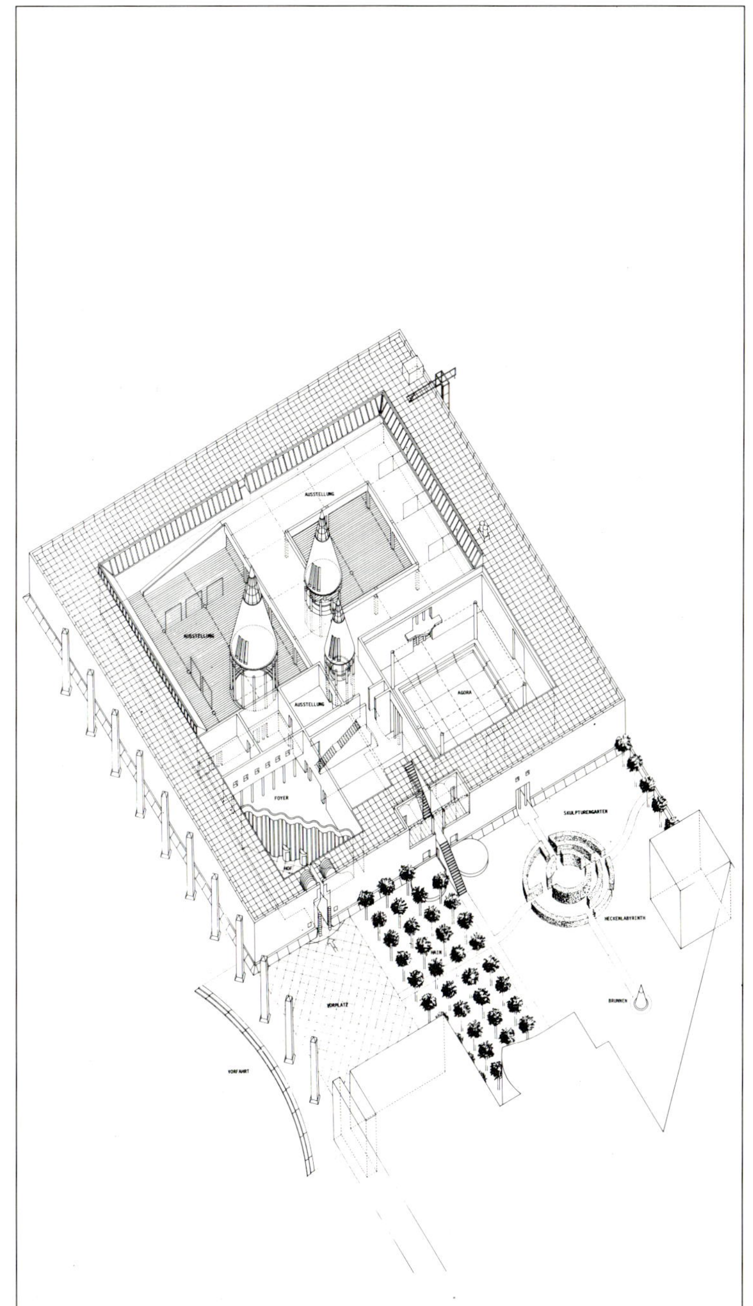

Peichl, el arquitecto

Gerald Adler

Desde el mismo año 1953 en que obtuvo el título en la Academia de Bellas Artes de Viena junto con Gsteu y Holzbauer, y, como éstos, influido por Clemens Holzmeister, Gustav Peichl es acaso el arquitecto más representativo de la generación austríaca de la posguerra.

Sus primeras obras, a principios de la década de los años sesenta, por ejemplo la Escuela elemental "Krim" y el Convento de los dominicos, las dos en Viena, encierran un afecto por las formas puras expresado mediante el hormigón liso y las superficies revocadas. La horizontalidad que domina los diseños es una referencia explícita al International Style de los años treinta; sus edificios son un modelo excepcional de una filosofía llevada a altos grados de perfección sobre la planificación interior.

Conforme sus obras de aquel período se desprenden de sus capas estilísticas van enriqueciéndose. En Viena, el Centro de Rehabilitación Meidling, aunque racional en el planteamiento, exhibe una estética brutalista a través de las terrazas de hormigón en voladizo con yuxtaposición de notas simbólicas como son las tres esferas gigantes de metal reluciente colocadas en la cubierta para albergar las instalaciones, imágenes que prefiguran ya los matices mecanicistas ofrecidos por Peichl en la serie de estudios para la Radio Austríaca que, casi idénticas, se repartirían por todo el país.

Cada emisora tiene una ordenación orgánica compuesta por estudios, salas de control, oficinas y despachos en torno a un vestíbulo central de acceso; la fuente de expresividad se encuentra en un bosque de tubos de aluminio brillante que atraviesan la cubierta acristalada que produce sensaciones muy próximas a las imágenes de Bruno Taut. De vez en cuando los tubos brotan del exterior de hormigón interrumpiendo las marcas perfectas del encofrado. En el resultado total se advierte una mezcla de fantasía arcaica y racionalidad fuera de lo común; el impacto arquitectónico se subraya gracias a las celosías de los pasos y a las antenas que parecen gravitar sobre el conjunto. Peichl reprime aquí, dejando de lado las implicaciones arquitectónicas, que la estructura y las instalaciones impongan sus argumentos, los elementos se ensamblan en función del efecto pictórico y no del significado literal.

Sus trabajos más recientes revelan un interés por el diseño del contexto, en ellos los edificios se consideran en relación al tejido existente. "Die Freyung zu Wien" no es un esquema de rehabilitación de poca categoría, sino el ensayo más serio por conseguir la simbiosis de la naturaleza y la arquitectura, insi-

Peichl, The Architect

Gerald Adler

From the same diploma year of 1953 at the Vienna Academy of Fine Arts as Gsteu and Holzbauer, and like them influenced by Clemens Holzmeister, Gustav Peichl is perhaps the leading representative of the new generation of post-war Austrian architects.

His first works, of the early 1960's –for example, the Krim Elementary School and the Dominican Convent, both in Vienna– embody a feeling for pure form expressed in plain concrete and rendered surfaces. The explicit references to the International Style of the 1930's are emphasized by the strong horizontals that pervade the designs, and the buildings are superb examples of a finely perfected philosophy of internal planning.

Peichl's work developed in the later 1960's, becoming richer as the buildings shed their stylistically pure shells. The Meidling Rehabilitation Center in Vienna, though rational in planning terms, has a brutalist aesthetic of overhanging concrete terraces overlaid with symbolic gestures –three giant shiny metal spheres housing services on the roof– images that prefigure the mechanistic overtones of Peichl's series of near-identical radio stations for the ORF network throughout Austria.

Each radio station complex –organically planned with varying sized studios, control rooms and offices ranged around a central entrance hall– is given expression by a forest of gleaming aluminum ductwork that punches through a glazed roof –similar in feeling to the images of Bruno Taut. These ducts occasionally sprout out over the immaculately cast board-marked concrete exterior. The overall result is one of an unusually fine blend of whimsy and rationality, and the effect of architectural collage is heightened by the lattice-grids of walkways and antennae that seem to float above the ensemble. In these buildings Peichl never allows structure and services to impose their own rationale, regardless of the architectonic implications: elements are assembled for their picturesque effect, not their literal face value.

In his recent work there is a growing concern for contextual design, in which buildings are considered relative to the surrounding built fabric. "Die Freyung zu Wien" is no run-of-the-mill rehabilitation scheme, but Peichl's earnest attempt at a symbiosis of nature and architecture –something also hinted at in his submission for the Venice Biennale of 1976. In the Vaduz Arts Center project the building is no longer treated as a free-standing sculptural object at all. Indeed, it is hard to discern a single "building" as such, so well integrated is the complex into the existing town morphology.

With these most recent works, Peichl's talents seem to have

nuada con anterioridad en su participación en la *Biennale* de 1976. El edificio en el proyecto del Museo de Arte en Vaduz, deja de tratarse como objeto escultórico exento, se integra con tanta perfección en la morfología urbana existente que resulta difícil distinguirlo.

El talento de Peichl ha madurado hasta el punto de situarle a la cabeza de los arquitectos del Movimiento Moderno, pero, con todo, estima que todavía tiene mucho que decir en el Movimiento Posmoderno. No por abandonar el monumento ha hecho otro tanto con la arquitectura.

Su fama entre los austríacos, pese al renombre profesional de que goza, le viene de su carrera como caricaturista político y social bajo el seudónimo de "Ironimus".

matured, so much so that he has become one of the leading modern movement architects who still finds he has a role in these postmodern times. In abandoning the monument, he has not forsaken architecture.

Yet, despite his eminence in the profession, Peichl's fame among the Austrian public at large comes from his alternative career as a political and social caricaturist. He remains best known as "Ironimus".

Biografía

nace el 18 de marzo de 1928 en Viena
1949-1953 Estudios en la Academia de Bellas Artes de Viena
1973 Profesor en la Academia de Bellas Artes

1969 Premio de Arquitectura del Ayuntamiento de Viena
1971 Premio del Estado Austríaco
1975 Premio Reynolds Memorial
1986 Premio Mies van der Rohe

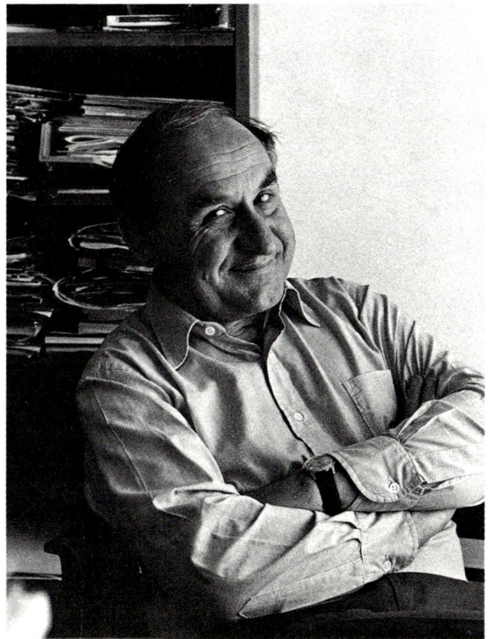

Biography

born March 18, 1928 in Vienna
1949-1953 Studies in the Academy of Fine Arts, Vienna
1973 Professor at the Academy of Fine Arts

1969 Award of the city of Vienna for architecture
1971 Austrian State Award
1975 Reynolds Memorial Award
1986 Mies van der Rohe Award

Documentación complementaria

Otras obras y proyectos no incluidos en esta monografía:

1960-1962	Residencia en la Himmelstrasse de Viena-Grinzing
1962	Interiores del "Caravelle", avión Líneas Aéreas de Austria
1962-1964	Pabellón de Austria para la Feria Internacional de Nueva York
1963	Oficina Central de Líneas Aéreas Austríacas en Sofía
1963-1964	Biblioteca Municipal de Viena-Döbling
1963-1965	Convento en Viena
1968	Pabellón de Austria para la Feria de Helsinki
1973	Radio-antena para la Radio Austríaca en Viena-Kahlenberg
1973-1976	Plan director para Viena-Grinzing
1975	Adaptación del "Molino Stucky" de la Bienal de Venecia
1978	Plan especial "Wulle-area" en Stuttgart
1979	Proyecto de biblioteca en Karlsruhe
1979	Ampliación de los estudios de la Radio Austríaca (ORF) en Dornbirn, Innsbruck, Linz y Salzburgo
1980	Proyecto urbanístico "Armeemuseum München" en Munich

Otros libros publicados sobre su obra: consúltese *Drei Wiener Architekten/Three Viennese Architects: Wilhelm Holzbauer - Gustav Peichl - Roland Rainer,* catálogo de exposición, ed. al cuidado de August Sarnitz, Edition Tusch, Viena, 1984.
Sus obras, además, han sido ampliamente comentadas en las principales revistas europeas de arquitectura y urbanismo.

Complementary Documentation

Other works and projects not included in this monograph:

1960-1962	*Residence in Vienna-Grinzing at Himmelstrasse.*
1962	*Interior design of "Caravelle" - airplanes for the Austrian Airlines*
1962-1964	*Austrian Pavilion, Worlds Fair, New York*
1963	*Central Office for the Austrian Airlines in Sofia*
1963-1964	*Municipal library of Vienna-Döbling*
1963-1965	*Convent, Vienna*
1968	*Austrian Pavilion, Fair at Helsinki*
1973	*Austrian Broadcasting radio-antenna, Vienna-Kahlenberg*
1973-1976	*Urban development plan for Vienna-Grinzing*
1975	*Biennale di Venezia, adaptation of "Molino Stucky"*
1978	*Urban project for Stuttgart, "Wulle-area"*
1979	*Library for Karlsruhe, project*
1979	*Austrian Broadcasting stations, extensions to Linz, Salzburg, Innsbruck, Dornbirn*
1980	*Urban project for Munich, "Armeemuseum München"*

Other books published about his work:
Consult Drei Wiener Architekten / Three Viennese Architects: Wilhelm Holzbauer - Gustav Peichl - Roland Rainer, *exhibition catalogue edited by August Sarnitz, Edition Tusch, Vienna, 1984.*
His projects have also been widely discussed in the major European Architecture and Urban Design magazines.